チンドン大冒険

ボクがチンドン屋になった理由《わけ》

河内隆太郎

撮影　松尾順造

発刊によせて

チンドン屋を超えたチンドン屋〝かわち家〟

料亭青柳　山口広助

何と説明したらいいのでしょうか？「困ったときの〝かわち家〟」、ひとことでいうならばそれは私の〝秘密兵器〟なのです。

いろんな場面、いろんな行事、いろんなイベントでネタに困ったら〝かわち家〟を呼べば、まずまちがいがない。何かインパクトのあることや心に刻まなければならないこと、想い出作りに〝かわち家〟を呼べば、まずまちがいがない。イベントのアクセントや行事の中心、アピールポイントとして〝かわち家〟を呼べば、まずまちがいがない。

何といったらいいのでしょうか？　メインディッシュであり、白いご飯として立派に主食にもなる。それでいてカレーライスの福神漬けや定食屋の香の物として主役を邪魔せず引き立たせることもできる。コース料理のお口代わりにもなるし、ちょっとしたつまみでもいい、子どもの駄菓子にだってなる。本当に何といったらいいのでしょうか?

私はイベントの主催者側になるときもあれば、イベントのサポートをする側になるときもあります。そうしたとき、メインイベントがなかなか決まらないときはすかさず〝かわち家〟といい、反対にメインは決まっても何か物足りないときもすかさず〝かわち家〟といいます。小学校でも想い出作りにと考えれば〝かわち家〟、地域行事のウケがいいものといえば〝かわち家〟、それこそ結婚式など一生に一度の場面に〝かわち家〟、会社関係の式典に〝かわち家〟と、このように〝かわち家〟は時と場所を選ばない。まさに〝かわち家〟は福神漬けになるときもあればメインディッシュになるときもある。

オールマイティーとはこのことだろうか?

普通〝かわち家〟といえばチンドン屋であって、チラシを配ったり人を呼び集めたり、イベントの告知として、お店の宣伝として外注するものと思われがちですが、実際、私がお願いするときは、まったくそういった考えではなく、「特殊技術芸能保持者」とでもいいましょうか、カッコよくいえばプロフェッショナルとなるのかもしれません。つまり、私の呼び方、お願いの仕方は「秘密兵器」なのです。

おそらく〝かわち家〟からすれば正しい利用の方法ではないので困っているかもしれませんが、明らかに〝かわち家〟というものはチンドン屋であってチンドン屋ではないスペシャリストなのです。

「モノ」と「コト」という言葉があります。ここでいう「モノ」とは形になるもの、目に見えるもので、「コト」とはつまり形にならないもの、目に見えないものです。よく「物より想い出」という言い方をしますが、形ある「モノ」をもらうより「コト」として想い出としたほうが人の心に残るということです。しかし、心に残る想い出「コト」を考えることはたいへん難しく、結局のところ「モノ」になってしまうという体験をしたことがあるでしょう。安心してください！　〝かわち家〟はその「コト」を目に見える「モノ」にしてくれるプロなんです。〝かわち家〟の作り出す「コト」は瞬時に「モノ」へと変わり、人々の心の中に「モノ」として残っていくのです。

子どもから大人まで場面に応じて形や大きさを変えて心の中に入っていくのです。

こんなことがありました。私は地元（長崎・丸山）で地域活動をさせてもらっていますが、あるとき小学校へ訪問に行ったときの話です。学校の図書館にはたくさんの書物が並んでいましたがその隅のほうに個人が寄贈した○○文庫というものがありました。聞けば卒業生が母校の後輩のためにとたくさんの本を寄贈していたというもの。顔もわからない見ず知らずの後輩のためにたくさんの本を寄贈していたのです。私もそのことに深く感動し私も同じようにお世話になった学校のために何かをしたい、何かを残したいと思いました。でも、同じように本の寄贈では同じことになるし、かといって手頃の贈り物が思い浮かばずしばらく頭を悩ませていました。いまのモノがあふれている時代に贈り物をするということの難しさを知ります。

私なりの私にしかできないことは何かと考え、「物より想い出」。それは〝かわち家〟しかないと思い立ちます。

さっそく、学校やＰＴＡの許可を取って実施することになりました。〝かわち家〟のモノより思い出作戦ではミニコンサートや祝い餅つき、そして紙芝居の読み聞かせと小学生の想い出作りには事欠くことなく、あらゆる年齢に対応した想い出作りが可能でした。どの場面、どの年齢、どの行事でも成功裏に終わり改めて〝かわち家〟が近くにいることのありがたさ、この長崎に〝かわち家〟がいることのありがたさを感じさせる出来事でした。

いまの世の中、モノが豊富にあるせいか人に心を伝えることは容易ではありません。ましてや形で示すことはたいへん難しくなってきました。そんな中、「コト」を「モノ」に変えるプロ、それが〝かわち家〟というチンドン屋なのです。もうそれはチンドン屋を超えたチンドン屋であって〝かわち家〟なのです。

さあ、これからその〝かわち家〟が誕生する秘話が始まります。

〝運〟と〝縁〟を兼ね備えた〝かわち家〟のサクセスストーリーをどうぞお楽しみください。

（平成28年7月記）

チンドン大冒険　ボクがチンドン屋になった理由《わけ》

目次

構成・文／小川内清孝
デザイン／田口　智子

第一章　大学受験とダンス

将来の夢は小学校教師

ボクの場合、高校に進学した時点から将来の夢は小学校の教師だった。『熱中時代』や『3年B組金八先生』などのテレビドラマに憧れたのか影響されたか、とにかく他の職業はいっさい頭になかった。

だけど高校時代の成績はいまひとつ。ボチボチ努力はしていたと思うのだけど。かといって、試験前にヤマはったり一夜漬けしたりなんかしなかった。前もって準備して正攻法で試験に臨んで、それでも平均点に届かない。

この頃の将来の夢は教師。運動も勉強もあまり目立たないが、友達は多かった。

当時入っていた野球部の部活もそうだ。ひとり毎日朝練に通いまくりながら、3年のときの甲子園予選大会敗退まで公式戦出場はゼロ。

そういうボクをひとことで表現すれば「的外れの努力男」。

それでも将来は先生、先生、先生になるのだ。それしか考えられない。

平成元年、長崎県立長崎北陽台高等学校3年5組、ボクはめでたく受験生になったわけだ。

迎えた大学受験

そんなわけで、やって来た大学受験。そこには「たぶんダメだろうな」という情けなくも嫌な予感がつきまとっていた。その気持ちを振り払うほどの猛勉強をしたともいえなかったな。

3年の春が過ぎ、夏が過ぎ、秋も終わりに差しかかって、やっと本腰という感じだった。まわりの同級生達の成績が少しずつ伸びているのに、逆にボクの成績は落ちていた。模擬試験の合格可能性の判定も、全志望校10%以下のありさまだった。

そんな不安を抱えたまま、ついにセンター試験の日を迎えた。とにかく神に祈りながらすがる思いで試験に臨んだ。浪人生にはなりたくない、浪人生にはなりたくない……。そう念じて試験問題に対峙すると、「おや？　解けるぞ。意外にいけるかも」。試験はいままでになく順調かに思われた。

だが、現実は厳しかった。結果は平均点にも及ばない点数だった。やっぱり本番だけの奇跡なんてなかった。

というわけで、地元の長崎大学をあきらめるしかなかったボクは、先生の勧めで群馬大学の小学校体育課程の2次試験に挑戦することにした。はるばる群馬まで受験に行ったのだが、そのころは親の懐具合なんて、なんにも気にしてなかったのだ。技術試験は器械体操を選択した。なんとか滑り込みたい。ここで受かれば花の大学生だ。

ところが、技術試験会場に行ってボクは驚いた。いるわ、いるわ、すごいヤツらが。器械体操なんて体操部出身の受験生にかなうはずもなかった。ガーン、こりゃ落ちたな。

ひらめいた「ダンス」

そんな調子だったので、正式な不合格通知を受け取っても、さほどショックは受けなかった。そんなことよりも、技術試験の最中に「そうだ、いいこと思いついたぞ」と、ちょっとしたひらめきがあったのだ。それは技術試験で女子生徒がダンスを選択していたことだった。「浪人中にダンスを練習して来年も体育課程を受験しよう。こりゃ目立つに違いない」。突拍子もない思いつきのようだったけれど、当のボクは真剣だった。これも教師になるためだ。

高校の卒業式の日、相談していた女子体育担当の先生にあるバレエ教室を紹介してもらうことになった。そこはダンスも教えてくれるそうだ。

「私が通うAバレエは男子を受け入れてくれないだろうから、かとうバレエに行ってみたら? そこは男の先生だからきっと教えてくれるわよ。でもあなた本当にダンスやるの?」

あの日、その女の先生が半信半疑の様子でボクに質問したことを、いまでもよく覚えている。そりゃあやりますよ。だって大学合格のためだもの。教師になるためだもの。その時、固い決心のもとボクは「頑張ります!」とだけ答えていた。

人生の恩師加藤久邦先生との出会い

たまたま選んだ予備校とダンスのレッスン場が、歩いて1分弱の近い距離にあるのは驚いた。これは運命か何かの縁かな? と感じたものだ。まずはレッスン場の見学だ。事前に紹介されたレッスン場に電話を入れた。入会の事情は以前伝えてあった。

それで5月のゴールデンウィーク明けに初めて見学に行くことになった。ドキドキムネムネ。初めてのところは緊張するし、この教室には男性がいないらしいし。それでも勇気を出してボクはレッスン場の扉を開けた。いっせいに向けられる変態か？　というような痛い視線。いや、それはちょっと自意識過剰気味か。レッスン場はたくさんの女性のレオタード姿であふれていた。あちゃー、こんなところだったか。とまどうボクにひとりのスタッフの女性が「何か？」と声をかけてきた。

「あのおー、入会希望のお電話をした河内と申しますが、……見学にうかがいました」

するとボクから見えない位置にいた大先生がにゅーっと現われた。その姿たるや、茶髪にロン毛にジーンズ姿で体格もがっちり。実はこのお方こそ、後のボクの人生を一瞬で変えた男。ダンス教室の主宰者加藤久邦先生だったのである。

ボクが通う長崎中央予備校と、かとうバレエのスタジオの距離は歩いて1分以内だった。毎週水曜日午後8時30分からの基礎レッスンコースに通うことにした。最初はどうしても着替えが気になった。男性用更衣室がないので、他の人がいない頃合いを見計らい更衣室に入り、絶妙のタイミングで早着替えをした。所要時間は約1分。着替え中たまにベテランの女性（とてもおばさんとはいえない……）が入ってきて、「気にしないでいいわよ。私は構わないから」なんておっしゃる。それは誤解です。こっちが困るんだよ～！

教室のレッスン生はみなレオタード姿。ボクだけジャージに体育館シューズ。動くた

学生時代４回出演させて頂いた。加藤先生との出会いが大きく人生を変えた。

びにキュッキュッと床をこする音がうるさく感じられて恥ずかしい。……妙に自意識過剰気味になっている。数十人の女の中に男がたったひとり。これは想像した以上に居場所がないなあ。大学合格のためとはいえ、大変なところに来ちゃったなあ。それがボクの最初の正直な感想と印象だったのである。

いつの間にかダンス好き

ダンスを習い始めたころは、もともと受験対策であり好きではじめたわけではないので、上手に踊れるはずもなく、人目ばかりを気にしていた。週に一度のレッスンくらいでは、こりゃ上達するのに何年もかかるなあ。ましてや大学受験にダンスを利用しようなんて、そんな甘いもんじゃないぞ。そう気づくのにそんなに時間はかからなかった。

ではやめて勉強に専念すればいいものを、なかなかやめられない。あれれ？　いつの間にかダンスが好きになっている。レッスンが楽しみになっている。

当時、加藤先生のダンスは多くのレッスン生をとりこにしていた。恥ずかしながら下手くそながら、ボクも加藤先生のダンスのとりこになっていたのだ。

二度目の受験が近づくにつれて、ボクは志望校の選択に迫られた。当初は受験に役立たせるためのダンスレッスンだったが、いまや加藤先生のダンスを続けたいがために、地元の大学を目指し始めていた。最初目指した群馬大学が志望校の視野から遠く離れていく。

その年の夏が過ぎ、秋も終わり、12月を迎えた時に「よし、ダンスを続けるために、ひとまずダンスをやめよう」そう決意した。だが、成績はいまひとつ伸びない。また浪人したらどうしよう。その年の冬をどう過ごしたかは覚えていないが、２浪の怖さはいつも感じていたように記憶している。

そうこうしているうちに、ついに受験当日を迎えた。朝ご飯をちゃんと食べたボクは、早めに受験会場に到着した。

長崎大学合格！　即、憧れの初舞台

途中経過は省くが、結果は見事国立長崎大学教育学部に合格。いやあ、めでたい！よかった。

これでダンスに打ち込めるぞ。あれれ？　いつの間にか教師になる夢よりも、ダンスのおもしろさに夢中になっている。ボクはすぐに夜のレッスン場に向かった。すると表には「公会堂でリサイタルのリハーサル中」との貼り紙があった。どうしようか迷ったけれど、長崎市公会堂にリハーサルの見学に行くことにした。

舞台にはカラフルな衣装をつけてリハーサルに励む生徒さんたちがいた。会場で加藤先生を見つけたので、タイミングを見計らって大学合格の報告をした。

「先生、お久しぶりです。何とか大学に合格することができました。またレッスンに通います」

「おお隆太郎か。ちょうどよかった。お前、リサイタルに出てくれ」

なな、何ですと？　加藤先生、マジでござるか？

突然の加藤先生の申し出にドギマギしたが、即座に「やらせてください！」と二つ返事で承諾した。

ボクの記念すべき初舞台は、華麗なダンスではなく兵隊役だった。いま思えば、脇役なので誰も観ているはずもないのに、妙に客席を意識してテンションがあがり、もうひとりの兵隊役の方に段取りなどをいろいろ繰り返し質問していた。まったく自意識過剰気味の変な脇役で、ひとりでバタついていたような気がする。どうもすんません！　この場をお借りして相手役の方に深くお詫び申しあげます。

こんな感じで、緊張の初舞台は終了した。男子がいないという理由からだろうが、これ以降、いろんな脇役をやらせていただくことになる。こうしてボクの将来は、大学合格以前からすでに違う方向に向かっていることを、自分でも何となく感じていたのだ。

大学の学問はといえば、試験前に意味も分からず一夜漬けみたいに済ませるだけだった。あのころは毎日毎日ダンスのことばかり考えていた。元来のめり込むタイプのボクは、レッスンのない日が憂鬱なくらいだった。

県内各地でおこなう定期公演では、裏方を手伝わせてもらった。もう気分はすっかりいっぱしの舞台人気取りだ。

そしてある日、リサイタルの踊り手として初めて出演することになった。新人さんチームのひとりとして一曲踊るのだ。ダンス初舞台ともなれば気合いが入り、家族や友人・

知人のチケットを配って、いざ本番を迎えることになった。

加藤先生から「隆太郎、お前は男だから振付変えるから」といわれて、ボクひとりだけならプレッシャーだなあなんて思いながら、実は特別扱いみたいで内心嬉しかった。ところが、舞台を観に来てくれたアルバイト先の人に「あんただけ振付間違えてたぞ」と冷やかされた。違うっ、ちゅうねん！　そんな振付なの！　でもきっとそう思われるほどダンスが下手だったんだ。これには落ち込んだなあ実際。

しかし、落ち込む反面、このダンサーとしての初舞台が終わって、ボクの中にははっきりとプロを目指す心が芽生えはじめていた。

ダンス馬鹿のまま学年は上がり、ボクは大学2年生を迎えた。このころは寝る時もレッスン曲を聴き、布団のなかで踊る日々。もう本当におバカ。少しはダンスも上達したのだろうか？　そのバカはさらにヒートアップして、自分の好きないろんな曲を聞きながら踊っていた。

バイト先の酒屋では、踊りながら仕事して、よくビンを割った。お店のおばちゃん、ごめんなさ〜い。しかし、それにしても加藤先生はどうしてあんなにおもしろい振付ができるのかな。先生の踊りはなんて素敵なんだろう。

それでもあるときを境に、ボクはぼんやり考えはじめた。加藤先生以上になる自信がないなあ。先生をいつまでも追いかけているだけじゃダメだよなあ。本気でダンスやってるつもりだけど、その本気っていったいどれくらいの本気なんだろう? 卒業までにはまだ時間がある。でも先のことも真剣に考えないとなあ。

あの頃は、便所掃除からでいいから、加藤先生に弟子入りさせてもらいたいとずっと思っていたが、ボクは3年生に上がった頃から、プロの舞台人としての将来について真剣かつ具体的に考え始めた。

演劇にも挑戦してみる

いつのころからか、ダンスに加えて演劇もやってみようという気が起こっていた。そのころ、イッセー尾形さんのファンになっていたという理由もあってのことだ。イッセーさんのオリジナリティとおもしろさはボクが語るまでもない。

だが、加藤先生やイッセーさんばかりに夢中になっても、自分の生きる道はぜんぜん具体的に見えてはこない。たとえば演劇とダンスの融合? とにかく無理矢理にでも方向性を見つけよう。自分で自分のケツを蹴っ飛ばすしかないのだ。

というわけで、さがし出した劇団は新聞広告で団員を募集していた夜明け座というところ。その劇団の代表で演出家は相良先生。このお方のお年は当時70歳。ありゃ、なんでボクはベテランの指導者ばかりに縁があるのかな。もうちょっと若手と演劇やってみたいなあというのが最初の感想だった。でもたまたまダンスの加藤先生と親交のある方だったし、よし頑張ろうという気にもなった。そして数人の仲間とともに劇団の秋公演をやることが決まった。

しかし当時、大学卒業後に教師になる気のないことを親にはいえないままだった。

ところが、さあ芝居だと張り切っていた矢先、出会って3ヵ月あまりの相良先生が突然亡くなられた。これはまったく考えもしなかったことで、当然ながら劇団メンバーの士気は一気に下がり、芝居との縁はすぐに切れてしまった……。

そう、切れたはずだったが、加藤先生が相良先生の追悼公演を実現させようとおっしゃった。よしそれなら亡き相良先生も応援してくれるはずだ、やりましょう。しかし、残ったメンバーはほぼ芝居経験ゼロ。あるのはただやる気だけだった。

台本は加藤先生がおもしろく書き直してくださって、いざ稽古、そしてキャスト決め。ボクはサンドイッチマンに命をかけている三枚目の男の役をいただいた。でも当時はサンドイッチマンがどんな人のことなのかも知らなかった。サンドイッチマンとは、身体の前と後ろに宣伝文句の看板をぶら下げ（その身体をはさむ姿がサンドイッチに似ている）、街頭に立ち宣伝広告している仕事人のことだ。あれっ？　これってチンドン屋みたいじゃないの⁉　いま振り返ってみれば、縁とは何とも不思議なもんだなあ。だから人生はおもしろい。

ボクの演劇デビュー公演は、心優しいお客様と加藤先生のおかげで何とか成功？をおさめた。脇役だったけど、笑いもとれたかな。そのときのビデオが残っているが、でもいま振り返れば恥ずかしくて見れないなあ。封印しっぱなし（笑）。初めての芝居経験だったのに、何だか経験者みたいな気分になってしまったボクは、ますます舞台に興味をもった。ただ、劇団はその後自然消滅の道をたどることになる。

もうすぐ年が明けて春が来ると、ボクは4年生になり卒業や就職の準備期間に入ることになる。だが、どうしても教師や会社員になった自分を想像できない。東京に行くつもりで在京劇団でも探そうかと考えてはじめていた。

ちょうどそのころ、関西の大学に通っていた親友が唐十郎さんの劇団「唐組」のオーディションに合格したと電話してきた。「一足先に東京行くから、河内も来いよ」と誘う親友。

すげえなあ、プロの役者にあいつならなれるかもなあ。うん、こりゃ負けられんぞ。

将来の進路に悩む

で、年が明けてもボクはいまだに進路を決められずにいた。周囲は就職活動を盛んにはじめる者もいたし、ほとんどが教員採用試験の準備をはじめていた。が、来年の自分の姿が想像できない。見えてこない。どうしよう。明日にでも来年が来てしまうようで、焦る気持ちと漠然とした不安があった。これまでの3年間で十分考える時間はあったはずだろうに。どうしようか。本気で困った。焦る。親の期待……。ボク長男……。と、悩みに悩んだ末に、やっぱり「よし、教員採用試験を受けよう」と決めた。それは2月初めのことだった。

とにかく教員採用試験を受けると決めたら必ず合格したいと思った。教師になるならないに関係なく、試験に「落ちる」ことが嫌だったのだ。大学受験の浪人経験もあるし、何をやってもつまずくような自分が嫌だったのだ。これでダメならボクはダメになる気がした。

そこで真剣に受験対策を開始。苦手なピアノのレッスンにも通った。水泳も苦手だったけど、何度もプールに通って練習した。テキストも限られた時間の中で頑張ったつもり。これでもし受かったときに、それでも違うものを目指す自分がいたら、またそのときに考えよう。そう思った。

だがそんな重要な時期に、イッセー尾形が長崎公演でやって来るという情報が入った。それも教員採用試験直前に……。

イッセー尾形さんに会う

イッセー尾形さんが来るなら、何とか会って話してみたいなあ。いわゆるストーカーみたいな迷惑なファン丸出しだけど。

公演当日、楽屋入りの時間を予想して、ボクは会場の出入り口近くをウロウロしていた。しかし、なかなか現われない。イッセーさんの到着を待ちながら、もし会えたらいろんなことを訊きたいなあと頭のなかで考えていた。

すると、タクシーがボクの目の前に止まり、何とご本人が降りてきた。うわあ〜本人やっかあ！　焦って出た言葉は「頑張ってくだしゃーいっ」。緊張のあまりちょっと噛んだ。ホトホト自分が情けなくなった。

だが、ガッカリするのはまだ早い。会場の上を見上げるとロビーでタバコを吸っているイッセーさんの姿が見えた。ボクは夢中で階段を駆け上がり、関係者に「会わせてください！」と頼み込んだが、ボディーガードに止められた。しかし、ご本人から「どうぞ中に」という優しいお言葉。ゆゆゆ、夢じゃなかろうか〜。

そのとき、イッセーさんとどんな話をさせていただいたか、恥ずかしいので書かないけど、舞いあがってどうしようもない状態だったのは事実だ。でもこの体験から、自分の意思や意志で人生を変えることができるとも思った。まさかご本人とお話ができるなんてなあ。

さて、教員試験当日がやってきた。この試験いかんでボクの人生は確実に動くことは間違いないので、緊張もしていた。もともとダンスを習いはじめたのもこの日のためだったじゃないか。しかし、実技試験も筆記試験のどっちも手ごたえが感じられない。手ごたえがないときは、ボクのいままでの経験からしてほぼダメ。ただ、今回の試験はほかの学生も「自信ないよ〜」といっていたっけ。う〜ん、結果を考えるのはいまはやめとこう。あとは神のみぞ知る。とにかく夏休みだ。まっ、ゆっくり遊んじゃおう！　何ともののんきなボクである。

第二章　チンドン屋、スタート！

突然浮かんだ運命のキーワード

平成6年（1994）は、6月末にオウム真理教による松本サリン事件が発生し、村山内閣が誕生した年でもある。

あっという間にボクの大学4年の夏は過ぎていった。

そして8月31日だったと思うけど、採用試験の結果通知が送られてきた。「この封筒の封を切ると、ボクの人生がついに動く」。母も真剣に見守るなか、そんな気持ちで開封した。

結果は……ややっ！　不合格。落ちてた。やったあ。ふざけんな！　これでよし。

いろんな気持ちがボクの脳を駆け巡り、交錯した。どっちにしてもボクは教師にはなれなかったのだ。臨時採用なんて考えなかった。母も父もとてもがっかりした様子だった。お父さん、お母さん、気を落とさないでくれ！

そして運命の平成6年9月2日。ボクは23歳。不合格通知が届いて2日目の朝のことだった。

「チンドン屋」というキーワードが突然頭に浮かんだ。テレビやラジオ、雑誌なんかでも見たことなし、実体は想像もつかない。ただキーワードだけがなぜか頭に浮かんだのだ。

「チ・ン・ド・ン・屋」。なんだ？　この肩の荷が降りたようなスッキリ感は。すごく気持ちが軽くなったぞ。意味もよく分からないまま、ボクはその瞬間強く強く「チンドン屋」を意識した。

その日以来、考えてみれば今日までの人生はチンドン屋のことばかり。チンドン屋になるしかない。これはもう神のお告げだと思った。

階段を猛ダッシュで駆け降りる。ズドドドドッ。

ボク「お母さん、おい※やりたかったことの見つかったー！　チンドン屋になるけん」

母「はあ?」

ボク「よかこと思いついたって思うと。ごめんけど、先生にはならんけん」

母「チンドン屋？　……あんた何のために大学行かせたと思うとっとね？」

母は当然ウルトラ猛反対。父も同じく。両親にしてみれば、「息子は錯乱したのか？」と怒りと落胆と意味不明の複雑な気持ちだったに違いない。そりゃそうだろう。でもボクは本気も本気だった。チンドン屋が何をするのかもよく知らずに、ただその時の思いつきのおもしろさに、自分自身酔っていたのだと思う。

家を飛び出し、駆け出して、向かう先は大学の図書館。きっとチンドン屋は何かの職業のはずだから、まずはタウンページで調べてみよう。そう思い、図書館でいざタウンペー

※おい＝おれ、自分の意味

ジのページをめくった。

タウンページの東京版や大阪版には、たくさんのチンドン屋が載っていた。「サンドイッチマン・チンドン屋」の項目だった。どうやら街頭で宣伝する仕事みたい。約1年前、そういえば演劇でサンドイッチマンを演じたので、ちょっと想像してみた。

だが、親はいい放った。

「あんたもし怖い人たちの世界だったらどうすると?」

それでちょっぴり不安になった。もし足を一歩踏み入れたら、二度と戻れない世界かもしれない。でもこの思いつきをこのままボツにするのはもったいない。

そこで翌月の秋休みを利用して、関西は神戸へ行ってみることにした。神戸学院大学の友人が卒論で大道芸人について書いていたらしく、「自分がお世話になっている芸人さんならチンドン屋のことも詳しい」というのだ。いま振り返れば、これも就職活動の一環だったのかな?

さっそく就職活動

友人が紹介してくれた明石の芸人Yさんは、とにかく大道芸に詳しくその豊富な知識にボクは圧倒された。話を聞いているうちに、「もっと勉強しておいで」といわれているような気がした。

「いま大阪には若いチンドン屋さんもいるよ。実際に知り合いもいる。でも君の話聞いてても自分のやりたいことがはっきりしないみたいだから、まだ紹介はできないな」と芸人Yさん。

やっぱりせっかく話を聞きに行くんだったら、ちゃんと下調べをしておくべきだったな。失礼だったかなあ。ただ、チンドン屋が太鼓担いで音楽演奏しながら街を練り歩く宣伝マンであることだけは、何となく理解できた。あと、怖い人たちでないことも分かった。これはポイントだぞ。重要だぞ。それが分かっただけでも収穫だと思った。

芸人Yさん、ありがとうございました。あとは自分で調べてみます。明石焼すごくおいしかったです。人生とは分からないもので、この芸人Yさんとは7年後に再会することになるのだが。

北九州のチンドン屋発見！

長崎にもどって、九州圏内のタウンページをめくりチンドン屋を探した。104の番号案内にもかけた。そのときは、とあるイベント会社を紹介された。そこへ電話してみると「楽器ができないなら、たぶん入れませんよ」と簡単に断られた。悔しいなあ。でも実際楽器は何もできないし……。やる気だけは誰にも負けないんだけどな。

元来田舎者のボクは東京や大阪の大都会に出て行く勇気がなかったので、とにかく九州にこだわった。23歳になるまでひとり暮らしなどしたことがない。洗濯すら自分でできない。炊飯器も扱えなかったなあ。とにかくあまり遠くへ行きたくないという思いが強かった。

そしてやっと見つけたのは鹿児島と北九州のイベント会社名。結局、地理的な問題で北九州に決めて、すぐさま北九州のイベント会社に電話した。

「もしもし、私大学を卒業したらチンドン屋を目指すものですが……」

「へー、そうなの。分かりました。一応、座長に話しておきましょう。いや、楽器はできなくてもいいんじゃないかな」

電話を入れた北九州のイベント会社の社長は、付き合いのあるチンドン屋を紹介してくれそうな感じだった。だけど、その後いくら待っても返事は来なかった。そしていよいよ卒業も間近に迫ってきた。何の音沙汰もないので待ちくたびれて、もう一度イベント会社に連絡をとってみることにした。

「ごめんごめん。実は座長に話をしたら、本職目指すなら東京か大阪に行ったほうがいいとのことだったよ。そこではメシが食えないから」

えー、それはないよ、いまさら。心に決めてるんだから。

ボクは「何とか連絡をとりたいと思います」と繰り返した。プロでもアマでも関係なかった。そのときはまだ見ぬチンドン屋を九州でやりたいとだけ思っていた。

「何度もいうけど、うちじゃメシが食えないから。うちは印鑑屋だし、豆屋もいるし、みな自分で別に稼ぎを持ってるんだから。本気でやりたければ東京や大阪に行けば？」

「いやあ、でも本気でそちらで勉強したいと考えています。腰を据えて何十年でも頑張りますから、お願いします」

はい、大げさですみませんでした。当時のチンドン屋のニーズを考えても、それだけで生活の糧にするのは確かにむずかしかったかも。その一座は長いことチンドン不毛地帯の九州では草分け的存在だった（あとになって鹿児島にもすごいベテランがいたことを知ったのだが）。

ボクはその北九州の一座に勝手に縁を感じていた。その理由はいたって単純。一座の名前が「川太郎一座」というのだ。ボクの名前は河内隆太郎。めちゃ似てる〜。やっぱりここしかない！

ついにボクは代表の吉村敏幸座長を口説き落とした。「4月になったら一度見学においで。それから決めれば、どうかな？」というありがたいお言葉をちょうだいした。あのときは嬉しかったなあ。

かくして平成7年（1995）3月24日、ボクはめでたく長崎大学教育学部を卒業した。そして両親やダンスの加藤先生に猛反対されながらも、北九州へ旅立ちを決意した。ちなみに平成7年という年は、1月17日に阪神淡路大震災が発生、3月20日には地下鉄サリン事件が発生し、日本にとっても激震が走った年であった。

いま振り返って鮮明に思い出すのは、加藤先生にその決意を伝えに行ったとき、強く反対されたことだ。

「隆太郎の居場所は長崎だよ。教師をしながらかとうで踊れよ！」

加藤先生にそういわれた。

だが、ボクの決意は固かったので返事に困った。無言でいると、加藤先生はレッスン場の真ん中でゴロンと大の字になり、天井を見つめていった。

「おれはこれが夢だったんだ。自分のレッスン場を持ち、自分で踊りを創造していくこと。お前は確かにおもしろいことを話す。ただ、いまのお前の笑いはたわいもない笑いさ。舞台の笑いではないからな」

そのときの加藤先生のお姿がいまでもハッキリ覚えている。自分の夢を叶えておられる加藤先生の偉大さをあらためて感じた瞬間だった。

人生初のチンドン遭遇

そんなわけで、人生ではじめてチンドン屋に出会う日がやって来た。チンドン屋には街で偶然出会うものなんだけど、ボクの場合はやっと探し当てたみたいな感じだった。

そのチンドン屋のメンバーは代表の吉村座長ほか5名。3人の踊り手に、カセットレコーダーを派手にデコレートしたものを持つ人（ラッパ担当がいない場合はメロディ担当）に、あと吉村座長がチンドン太鼓。現場は披露宴の余興だった。

♪チンチンドンドン。吉村座長を先頭にチンドン行列はスタート。振付というよりみな即興で踊っているという感じだった。ステージ上では日舞か民謡舞踊を披露していたと思う。へー、こういうものだったのか。これならボクのダンスを活かすことができる

1995年(平成7年)4月8日　土曜日　西日本新聞

チンドン芸に魅せられて

北九州の一座に「就職」

長崎大卒業の河内さん

「いつか古里で…」

吉村座長との初対面が西日本新聞に !?
入門を悩む間もなく、これがきっかけでチンドン屋の世界へ入っていく。

かな。
　ただ、当時のボクは生意気にもチンドン屋というものを新しい舞台文化の土台になればと考えていた。チンドンを基礎に、加藤先生とは違う舞台を創作しようとの野望を抱いていた。つまりスタート時点からベクトルが変な方向にズレたままチンドンに接してしまっていた。どうしよう？　これやりたいこととちょっと違う。でも時すでに遅し。西日本新聞の記者さんが写真をパチリ。翌日「長崎大卒の河内さん、チンドン屋に就職!!」という見出しの記事が、どでかい写真付きで、紙面に掲載されてしまったのだ。もうあとには引けない。とにかくこのまま行くしかないっす。

いざ北九州へ！

平成7年4月22日、23年間住んだ長崎をそして我が家を離れての旅立ち。友達がレンタカーで迎えに来てくれた。荷物を積んだハイエースに乗り込み、涙をこらえて家族と別れた。やがて借りていた北九州市小倉北区の安アパートに車は到着。荷物を降ろして友達の江貴宏君に感謝しつつそこで彼と別れた。

ボクは小倉で一人ぼっちになった。でも本当に一人って寂しいもんだなあ。その日の夜は、電灯がなくて部屋が真っ暗になった。すぐに電気屋に向かい、照明器具を買った。灯りがつくとこうも嬉しいもんかねえ。

実家の親に電話してみた。今日の朝まで長崎の実家にいたと思うだけで泣きそうになった。大学卒の男子にしては情けなかった。流れでこうになったものの、実際は不安でしょうがなかったのだ。友人・知人のいないこの街で、何の保障もないこの街で、明日からどうやって暮らしていけばいいんだろう。でも明日はいきなりのチンドンデビューが決まっている。とりあえず母に教えてもらった通りに炊飯器でご飯を炊いてみることから始めてみた。

そして、チンドン屋デビュー

翌日。いよいよチンドンデビューの日。

早朝6時過ぎに楽屋に集合。ボクが到着すると吉村座長他数名のメンバーも集まっていた。新人が真っ先に到着して先輩を待たないといけないのに、すみませ～ん。あれ？ふと気がつくと1台のテレビカメラが。

「おはようございます。ＲＫＢ放送の者ですが、今日は河内さんを一日追っかけます。よろしくお願いしまーす」

？？？　えっ、ボクテレビに出るの？　何でも先日の新聞記事が話題になり、ボクを取材に来たというのだ。こんなの初めて。ちょこっと浮かれ気分。

衣装も着せてもらい、メイクもばっちりしてもらい、飴屋に扮してのチンドンデビューだった。当日は小倉に木造の橋が架かり、その記念イベントの賑やかしとしての出演だった。吉村座長のゴーサインとともにボクは踊った。汗かきまくり、メイク崩れ、衣装はだけ、それでも踊った。カセットレコーダーから流れる音楽に合わせ、これまで学んだダンスを即興で踊りまくった。

周囲から完全に浮きまくりの存在だっただろう。取材陣から感想を求められたので、「無我夢中です！」とあえぎバタつきながらボクは答えていた。

最初のチンドンの仕事は3日間つづいた。

ただただ楽しかった。他人の視線を集めて踊ることが嬉しかった。毎日チンドンやって生きていければいいけど、そういうわけにもいかない。5月から仕事を探さなければならない。自分の稼ぎで生活していくしかないのだ。

そこで、小倉の生花店でアルバイトをすることになった。もともと学生時代に生花店でアルバイトした経験があったので、その知識を活かせると思ったのだけれども、世の中そんなに甘くはなかった。かえって中途半端な知識が邪魔をした。

勤務は朝9時から夜8時まで。知らない街での配達業務だ。ボクは何をやってもダメで、怒られてばかり。とくに専務には鍛えられたなあ。ボクが「さばけない（仕事が効率よくできない）」という印象をすぐにもたれてしまった。その後お元気ですか、専務？　本当はさばけ

花屋の配達のアルバイト。当時このアルバイトで生計を立てていた。

るんですよ〜。でも、どうしてこう失敗ばかり続くのか。

自分でも嫌で嫌で仕方がない。こりゃあ、ボクという人間が北九州に合わないんだな。

それから寂しくつらい1年がはじまった。

初めてのチンドン全国大会

5月はあまりチンドンの出演機会がなかった。なので、毎日休みなしで生花店に出勤した。

と、ある日吉村座長から連絡が入った。月末の土日に愛知の一宮市萩原町商店街で開かれるチンドン大会に出ないかというお話だった。何でもチンドンの全国大会らしい。

こりゃあおもしろそうだなあ。ただ、新人のボクが3人一組のメンバーに入れてもらえたことには理由があった。座長の奥さんの玲子さんがちょっとしたケガをして、急に出演できなくなったからだった。まあ理由はどうであれ、何も分からないボクをメンバーに選んでくださり、座長に感謝！　感謝！　吉村座長はきっとボクの将来のためを思い、あえて選んでくれたのだと思う。

その大会ではステージ上の演技もあるというので、さっそくわが一座は稽古に取りかかった。ボクはといえば、座長に教えられるまま失敗しないように頑張るだけ。

本番まであと2週間。全国大会って、いったいどんな大会なのだろう？

愛知県一宮市萩原町で全国選抜チンドンコンクールは開催された。毎年ここと富山で大会が開かれているらしい。でも自分が参加するまで、そんな大会のことなんて知るはずもなかった。

ボクら川太郎一座が九州唯一の参加だと思っていたら、もう一座いるではないか。その名もアダチ宣伝社だって。知らないなあ。つうか、どのチームも知らないなあ。

大会には東京、大阪、九州から15チームくらい参加していたように記憶している。みんな体育館で衣装に着替えた。ボクは猫に変身の支度。耳のついたズラかぶって、尻尾つけて、ちょっと恥ずかしかった。

名古屋の大学院に進学した友達が応援に来てくれたけど、3年ぶりの再会が猫の姿……。彼も呆然としていた。

「ああ、土屋来てくれて、ありがとう」

「か・わ・ち？　……分からんやった」

そりゃあそうでしょう。吉村座長は劇団四季の『キャッツ』をイメージしたなんていいながらメイクしてくれたけど、果たして実際は⁉　できれば当時のボクの猫メイクをいまもう一度見てみたいもんだ。はい、怖いもの見たさです。

それでもコンクールは感動の連続だった。ボクは全国から集まったチンドン屋に感動したのだ。参加者全員で演奏したり名人が続々登場したりして、とにかく楽しくて仕方がなかった。

とくに他のチームで印象的だったのはみどりやさん、小鶴家さん、ちんどん通信社（現東西屋）の林幸治郎さんのお三方だった。口上がおもしろくて、太鼓がめちゃくちゃ上手い。その年のコンクールの優勝チームは林さんのところだったと思う。ボクらは特別賞みたいなものをいただいた。でも嬉しかったっす。何だかチンドン屋さんの仲間入りができたみたいで。

だがあるチンドン屋仲間の話によると、ただ目立てばいいと思っていたボクに対して、「また勘違いした若手がいるよ～」と周囲に思われていたみたいだ。でもそんなの関係ない。当時は完全にチンドン大好き男になって北九州に戻って来たのだ。そしてチンドンをもとにした舞台創作なんて大それた考えはなくなっていた。

それほどチンドンが自分のなかでいちばん高い位置にランク付けされたのだった。

その年の梅雨が去り、夏が来て、ボツボツとチンドンの出番も増えてきた。相変わらずテレビやラジオや新聞、それに広報誌などからの取材がつづいた。だが、チンドン大会以降ボクは取材が怖くなっていた。まだ駆け出しの自分はチンドン太鼓も叩けない、ラッパも吹けない、何の技術もない。実力がないまま、ただ話題性だけで名前が世間に露出することが恥ずかしくなっていた。日々のアルバイトに追われ、修行らしい修行もしていない。やっていることは週に一度の一座の踊りの稽古だけ。個人的な努力は何にもしていない。調子に乗って取材なんか受けている場合ではないのだ。これじゃあ北九州に出てきた意味がない。

そう悩み始めた頃、ある大きな取材が飛び込んで来たのだった。

ドキュメンタリー番組に出演

ある日、ボクのところへNHKのドキュメンタリー番組で全国の若手チンドン屋特集をするという話がきた。たしか『日曜ソリトン、夢ときどき晴れ!』という番組だったと思う。この取材には10日ばかりかかるとのこと。こりゃまたアルバイト先の花屋に迷惑をかけてしまうなあ……。ボクはちょっと悩んだ。やはり夢と生活のバランスを保つのは大変なことで、どちらかに偏るとどちらかがおろそかになってしまう。これはチンドンに限らず何でも同じことがいえるだろう。

取材に対する自分の気持ちや、アルバイト先のスケジュールも考えて、ボクは座長に相談してみることにした。座長は「取材を受けてみれば」とアドバイスをしてくれた。……この番組はどんな感じのものになるんだろう。バイト先にはいい出しにくいなあ。

そこでボクは決心した。チンドンの修行をもっともっとするためにも花屋のバイトをやめる。そしてこの番組を機に新しく出直しだ!

9月の末、バイト先の花屋の専務に「いろいろご迷惑をかけそうなので、10月いっぱいでバイトをやめさせていただけますでしょうか」と切り出した。これをいい出すまでに、ボクはめちゃくちゃ悩んだ。花屋は人数ぎりぎりでやっていたし、ボクの担当の配達とかこれからどうするんだろうなどと心配もした。

でも専務は花屋のことより「お前はどうやって生きていくの? これから」とボクのことを心配してくれた。この言葉、すごく泣けたなあ。だが、その日の帰り際には「河内君、一応バイトは今日までだ」ときっちりけじめをつけられた。

そのとき、ボクは専務に社会というものを教わった気がした。優しさと厳しさがいっぺんに来た感じだ。「ありがとうございました」と感謝の言葉をいいつつ、もうここに出入りすることはないんだなあ、でも自分はこれでよかったのかなあと心は乱れ、何となくしこりが残ったのは事実だった。

いやチンドン修行のためだからと、ボクは何度も自分を納得させた。別に花屋の仕事がきついからやめたというわけではないけど、円満退社という感じでもなかったと思う。そこがとげのように引っかかった。……だが、切り替えよう。明日からテレビ番組の取材が始まるのだ。

ＮＨＫの取材は案の定チンドン姿だけにとどまらなかった。新しいアルバイト探しまで撮影された。とにかく時間に余裕と自由があり、かつ生活費を稼げる仕事を探すしかない。

ところが、バイト先は意外に早く決まった。それはテレビＣＭでお馴染みの引越屋だった。バイト初日はテレビカメラも同行。かなり職場の先輩に意識されたと思う。迷惑だろうな。こっちもやりにくくて仕方がなかった。ただでさえ慣れない環境なのに、テレビカメラがついて回っちゃたまらない。

だが、カメラを意識するどころじゃなかった。とにかくきつい仕事だった。こんなにつらい環境なのか、ここは？　手、足、腰がボロボロズタタになった感じ。いま振り返ってみても、ボクの人生のなかであのバイト初日ほど疲れたことはない。つぎの日が来るのが怖いくらいだった。でも撮影隊の前で「やめます」なんていえないから、つづけるしかなかった。

このバイト苦労話はさておき、その後、取材陣はボクに大阪のちんどん通信社さんへの訪問機会を与えてくれた。これは貴重な経験になると思った。

「よろしくお願いします」

ちんどん通信社（現㈲東西屋）の林幸治郎社長は、ボクら若手が目指す憧れの大先輩だった。一宮の大会では一応挨拶はさせていただいたけど、きちんと話をするのは初めてのことだったので、ボクは緊張した。

現場は駅地下街の完成イベントだったように思う。４人全員が楽器を鳴らして、いろんなレパートリーを奏でる。ボクはその後ろで私服ながらビラ配りだった。そのときは、ああボクもこんなに楽器ができたらいいなあと思った。

林社長はプロのチンドン屋についてボクに話してくださった。これはすごく新鮮な言葉だった。その日林社長が話してくださった内容は、いまのボクの仕事に確実に活かされている。でも詳しい内容は企業秘密（笑）。1泊2日の旅だったけど、いい旅になったなあ。

さて、北九州に戻っても、取材はまだ終わらない。次は渋谷のNHKまでゲストとして行きましょうとのこと。マジですか～？　司会はTM NETWORKの木根尚人さんで、モダンチョキチョキズの濱田マリさんもゲスト出演すると聞いた。すげ～。何となくの発想だけでチンドンに関わるようになっただけなのに、こんなに話が膨らんででかくなるものなの？　マジ？　こんなんでいいの？

というわけで、出演した番組が『日曜ソリトン、夢ときどき晴れ！』。

収録は渋谷にあるNHKスタジオでおこなわれた。ボクは吉村座長といっしょに出演した。ほかには福岡のアダチ宣伝社の女の人。それから東京の小鶴家若衆。収録はすごく和やかな雰囲気で進行し、ボクもあまり緊張しなかった。けっこういいたいことといってたっけ。

ラストにみんなで演奏するシーンがあったのだけど、ボクだけ何も演奏できないので相変わらずの踊りだった。でも当時は「チンドンは楽器がなくてもできます」なんて、半分負け惜しみでいっていた。いまは違う意味でそう思うところもあるけど。

番組宣伝もボクがやらせていただいた。その番宣が大河ドラマの直後にオンエアされたので、長崎の友人・知人から何件も電話もらったっけ。さすが全国放送の威力だ。しかしながら、この番組のビデオは恥ずかしくて見られたもんじゃないよお。一応記念に保存はしてあるけどね。

番組出演の反響も一段落して、10月中頃からまた平凡な日々がもどってきた。生活は引越のアルバイトで何とかやりくりできた。でも時間に余裕ができると、人間何もしなくなるもんだ。こりゃいかん。自分自身に喝を入れよう。

そこでボクは何か楽器を始めようと考えた。でも勇気がいった。なんせ音楽音痴にも程があったから。楽譜や音符とか意味分からんし、ト音記号にへ音記号もわけ分からん。音楽をもっときちんと勉強しときゃよかったなあ。そういえば、学生時代にダンス始めたとき、「高校時代に体操やっときゃよかった」なんていってたっけか。結局「思い立ったが吉日」なのだ。このまま何もやらなきゃ、30代になったときに20代で何かやっときゃよかったなんて後悔するだろうし、この繰り返しで人生は終わってしまうのだから。たぶんね。

さてと、何の楽器始めようかな? どうせ何も分からない。何でもいいや。ボクはあれこれ考えて3つに絞った。アコーディオン、クラリネット、三味線。ど・れ・に・し・

よ・う・か・な?

まずは楽器探しからだ。クラリネットを少しでも安いところでと思い、質流れ品を当たってみることにした。質屋の暖簾をくぐると、おっ、あるぞ、あるぞ。

3万8千円のプラスチックとヤマハの7万5千円のもの。さっそくボクは7万5千円のほうを選んで買った。しかし、説明書がないので、楽器の組立て方が分からない。いま考えれば、何で最初にきちんとした楽器屋に行かなかったのかなあ?

こりゃあ宝の持ち腐れになっちゃいかんと思い、ヤマハ音楽教室のグループレッスンに通ってみることにした。担当の先生の名前は忘れたけど、クラシックの人だった。かくして月3回のレッスンは始まったのだけど、何せあんまり興味がないので、上達も遅い。おさらいの練習もレッスン1日前にちょこっと触れるくらいだ。やっぱり引越の仕事で疲れ、家ではゴロゴロ寝てばかりになっていた。人間よほど意志が強いかまたは必要に迫られないと、物事進めていけないもんだな。

上京したい!

何となくきちんとお別れができていなかった気がしていたので、年末に花屋へけじめの挨拶に行った。すると専務から「来年1月からまた来ないか?」という意外なお誘いを受けた。出戻りかあ、何かカッコ悪いなあ。でも嬉しかった。仕事はあんなに失敗の連続だったのに、ボクを必要とされていたことが嬉しかった。よしもう一度きちんと仕事をさせてもらおう。引越のバイトは短い付き合いだったがやめることにした。

そんなわけで、年明けからボクは再び花屋でアルバイトを始めた。でも以前のように1日中バイトに追われることのないよう心がけた。早朝6時半からチンドン屋の基本であるチラシ配りのバイトをもう一つ入れた。これは何やかやで副収入につながるし、勉強にもなるのだ。しかし、この暮らしは長くは続かない。花屋さんにはあらかじめ伝えておいたが、思うところがあり、ボクは3月いっぱいで北九州を離れ、東京を目指すつもりでいたのだ。

しかし、2月近くになっても、ボクは上京について座長にいい出せずにいた。3月いっぱいで北九州を離れたい。1年前にあれほどの熱意で説得しておきながら、もうさよならかあ。ボクは本当に失礼な男である。さらに間の悪いことには、きちんと話をする前に別件で電話した際、座長と口論っぽくなってしまったのだ。

あのときは申し訳ありませんでした。反省しています。若僧の口ごたえとでもいうのか。

ボクは高慢でつけあがっていたに違いない。座長に意見するなど百年早いっす。

結局、2月初めの踊りの稽古の場で退座の意向を伝えた際、座長には「この場限り」といい渡された。何かまたしこりが残ったなあ。考えてみれば、あんなにみな優しくしてくれた川太郎一座。テレビ取材などの経験をさせてくれたのも座長だし、ボクの仕事のこともいつも気にかけてくれていたのに。

その後、花屋でバイトしながらラジオを聴いていると、2回くらい川太郎一座が出演していた番組が流れた。その後の一座の活躍は、さらに自分を落ち込ませることになったのだった……。

3月はあっという間にやってきた。これから上京までカウントダウンだ。早朝はチラシ配りのバイト、朝から夜まで花屋さんでバイト。そういえば最後のチラシ配りのバイト代もらっていないぞ〜。現場近くの駅長さんに怒鳴られながら配ったのに〜。

北九州での1年はすごく長いように感じたなあ。

花屋さんではお別れ会を開いてくれた。酔ったせいなのか、なんと専務はそこでボクのために泣いてくれた。あの時はきちんと花屋さんを卒業できたなあという気がして嬉しかった。長崎出身のボクのために『長崎は今日も雨だった』を歌ってくださいましたよね、専務さん。ありがとうございました。今（この歴史帳書いた時点）のボクはあの時の専務と同じ32歳です。

ところで、まだ大切なことが残っていた。上京する前に、川太郎一座にけじめのご挨拶に行かねば……。

ある日、川太郎一座にお別れの挨拶に行くと、吉村座長は笑顔で迎えてくださった。本当に短い間でしたがお世話になりました。ありがとうございます。チンドンへの扉を開けてくださったことに、ボクはとても感謝しています。吉村座長は「チンドンだけでは九州はきついから……」と、最後の最後までボクのことを心配してくださった。まだ若かったボクはどうにかなるさという気持ちで、「何とか東京で頑張ります」とだけ伝えた。ずっと先のことなんて考えられない。いま自分の思ったようにしか生きることができなかった。お別れにおいしいてんぷら定食をごちそうになったっけ。いつかボクも座長にてんぷら定食をごちそうできるようになりたいなあ。恩返しがしたいなあ。

こうして丸1年の北九州ひとり暮らしはジ・エンド。ボクはいったん長崎に帰った。まずは態勢を立て直して資金稼ぎ。貯金に専念だ。ゆっくり地元で考える時間をもとう。実際の上京はそれからだ。さあ次のステップに向かおう。

第三章　東京チンドン修行に向けて

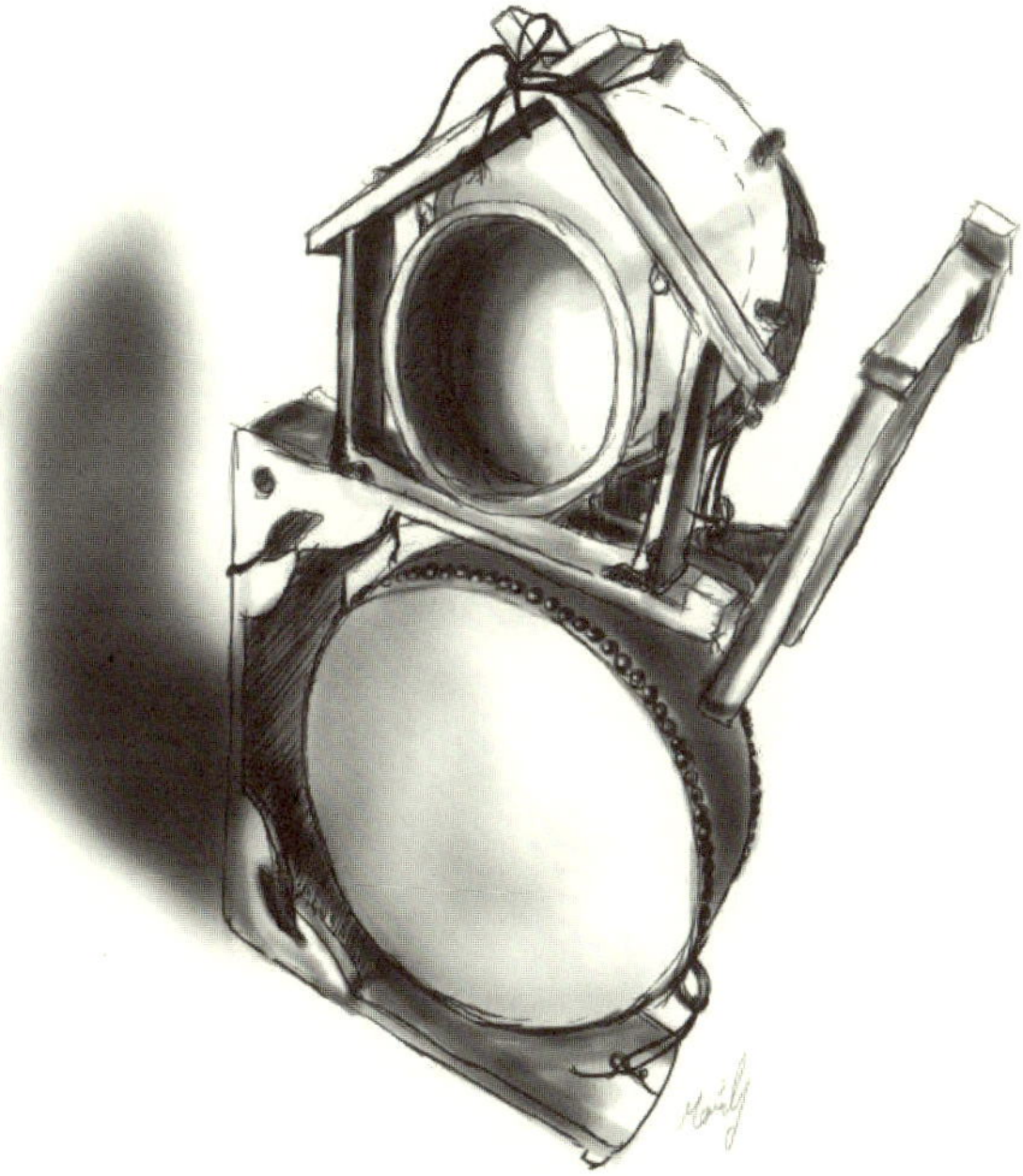

いったん長崎へ戻る

さて、目標は年内（平成8年＝1996）に東京でチンドンをやること。でも行く宛はなし。とにかく長崎でバイトしながら考えることにした。両親にはボクが諦めて帰って来たのでは？という淡い期待があったみたい。ごめんなさい。

でもゆっくりしたのはほんの一日だけ。すぐに仕事探しを始めた。時給の高いところならどこだって仕事するもりでいた。まず米屋の配達の面接受けたっけ。ただ「秋まで限定で」というと、なかなかいい返事をもらえなかった。「今週中に連絡します」といわれたっきりで音沙汰なしだった。

そこで出戻りは気が引けたけれど、学生時代にバイトした花屋に連絡してみた。すると、「今ちょうど休みがいらないくらい働きたいやつがいないかって話してたところなんだ。明日から来い」と即答。こりゃ少しカッコ悪いけどここでも出戻りだあ。ところが不思議なもんで、その1分後に米屋さんから「あなたに決定しました」と連絡が入った。縁があるないっていうのは、こういうちょっとしたことなんだな。

花屋でのバイトはとても楽しい思い出だった。ここの社長は当時飛ぶ鳥を落とす勢いの人物で、ボクもかなり影響された。というのも彼のスタートが路上販売の花屋で、店頭販売力でぐんぐん売上を伸ばしたと聞いたからだ。ご本人は多少脚色してお話しなさったかもしれないが、街頭宣伝のちんどん屋を目指すボクにとっては、やっぱり刺激的だったのだ。

そして仕事も忙しかった。毎日夜10時なんて当たり前だったなあ。遅いときは深夜24時を回ることもあった。でもそんなのお構いなし。バリバリいきまっせ〜。

長崎に帰ってからすぐに、富山で毎年開催される全国チンドンコンクールの見学に行った。これも勉強だ。

上京のためのお金を貯めること以外にも、ボクにはもう一つやることがあった。それはクラリネットを練習することだ。で、半年間個人レッスンしてくれるところを探した。そこは意外に早く見つかった。大学生の山田芳美さんという女性だ。毎週水曜日の夜に1時間ほどレッスンを受けることになった。毎朝30分練習して出勤するのが当時の日課になっていたが、朝っぱらから下手な音を響かせていたので、きっと近所迷惑だったに違いない。まあクレームはなかったけどね。ちなみに山田芳美さんは現在OMURA室内合奏団の一員として大活躍なさっている（現在は樋口芳美さん）。

それから花屋さんで配達、配達、配達の日々。それでも仕事は楽しかった。あっという間に1ヵ月、2ヵ月と過ぎて行った。そんな暮らしに慣れてくると、本来の目的がぼやけてくる。このまま長崎にいたい。いまから東京なんてなあ。ボクの心は揺れはじめていた。

そんなある日の金曜日の夜。翌日の婚礼の準備のための残業中に、ラジオから聞いたことのある声が流れてきた。福岡のアダチ宣伝社の足達英明さんだった。一宮のチンドン大会のときから何となく気になる存在だった。4月に見学に行った富山の全国チンドンコンクールでも入賞してたっけ。足達さんはラジオのパーソナリティも務めているのか。すごいなあ。

いっぽう、ボクの場合は完全にスタートで出遅れだな。何の宛もなく東京、東京といっているだけだもんな。でもこのラジオ番組を聴いて、確かに刺激になった。

福岡のイベントに出演

7月になって突然思いもしなかった話が舞い込んできた。友人の知り合いで福岡でイベント制作会社を経営する方からの依頼だった。あるイベントにダンスで出演してほしいとのことだった。場所は福岡国際センターで、期間は1週間。しかもチンドンもやってほしいという。とりあえず「やらせてください」と返事はしたものの、困ったことにボクはチンドン太鼓すら持っていない。叩いたこともない。クラリネットは習い始めたばかりだし。音もまともに出やしない。そういえば衣裳もない。

イベントまであと1ヵ月。でも何とかしよう。この経験がチャンスやヒントになる気がした。勉強にだってなる。でもいま振り返れば怖くて受けられない仕事だ。若くて業界のことを何も知らなかったからこそ、受けられた仕事だった。

イベント本番まであと1ヵ月しかない。

まず衣裳を何とかせねば。半纏がいいな。すると、配達中のある米屋にディスプレイで飾ってあった半纏が目に入った。店主に「あれ買うといくらくらいするんですか?」と尋ねてみると、「6500円で在庫あるよ」との返事。しかしその金額を出せる余裕がないなあ。こうなったら母親に頼んでみるか。母親はあれだけチンドン屋に反対だったのに、ボクの一途さを感じてくれたのか、そのころには少しずつ協力的になっていた。感謝、感謝。

それからボクはイベント会社に連絡して、楽器の代わりにチンドンのCDを流してもらうことにした。それに合わせて踊るつもりでいた。楽器はなくとも、あくまでも「ボクはチンドン屋だ」と主張していたのだ。

イベント出演の日がやって来た。たしかクボタ農機の新機種販促イベントだったと思う。現場に行ってみると、エアロビクスダンサーのお姉さんたちとの競演で、何か恥ずかしかった。

はじめてひとりでチンドン音楽に合わせて踊った。当時はそれなりに「よくやったなあ、おれ」くらいに思ってたけど、実際は最低の最悪。これがまたビデオにしっかり残っている。他人には見せられないよ〜。

でも1週間ずっと通しでやらせてもらったことは勉強になったと思う。「自分で稼いだギャラだぜ」って気分も味わったし。とにかく無我夢中の1週間だった。何ごとも経験だ。

その年の本格的な夏が到来した。このころには生活のリズムが完全にできあがっていた。

朝30分のクラリネット練習後、花屋さんへ。少しずつながら上京の準備もしなければ。でもまだ迷っていた。上京するつもりに変わりはないけど、いったいどこのチンドン屋の門を叩けばいいのだろう。東京に限らず大阪の大所帯東西屋さんのところでも勉強したいし……。宛もツテもないからなあ。いくらボクが入りたいといっても、受け入れてくれるとは限らないしなあ。まして「長崎に帰るつもりで修行したい」なんて失礼なこといったら、断られるに違いない……。

しかし毎日そのことばかり考えていると、それなりに情報は飛び込んで来るもんだ。新聞のテレビ欄でＮＨＫの深夜15分番組の「チンドン屋に就職」という見出しを見つけたのだ。こりゃ楽しみだと思いながら、いつものように花屋のアルバイトに出かけたのだった。

ドキュメンタリー番組に感動

「内藤和男さんはチンドン屋です」というナレーションから始まったその番組は、『列島リレードキュメント』だったと思う。脱サラした50歳の内藤さんが、チンドン屋の老舗菊乃家さんに弟子入りしたという内容のドキュメンタリー番組だった。元々は公務員であった内藤さんの思い切った人生に、かなり感動してしまった。番組的には脇役だったけど、親方もとても人柄のよさがにじみ出ていて、ちょっぴり安心した。っていうか、番組見ながらもう入門するならここしかないと決めてしまっていた。単純なボク。ほんの15分だけの番組だったけど、大満足。あの内藤さんみたいなやる気のある先輩に鍛えてもらいたい。ボワワ～ンとそのボクの修行姿が頭に浮かぶ。こりゃ早いうちにコンタクトをとってみよう。

長崎のお盆前だったと思う。

内藤さんと親方のことを想像しながら筆をとった。自分が真剣にチンドンを勉強したい旨をつづった。同時に横着ながらもゆくゆくは地元に帰って旗揚げしたいという気持ちも書いた。ボクのこの手紙、いま思えば失礼な文章だったに違いない。他の親方ならどうなっていたか分からない。

でも返事がすぐに来たのだ。やったあ。おそるおそる封を切る……、ボクの人生を左右することが書いて……あるのか。？？？　渋い文字だった。でも優しい文句で、「私が伝えられるものがあれば、全て伝えませう。一緒にお勉強しませう」という内容の手紙が届いたのだった。

感動、感動、もう感動。

よっしゃ、ボクもすぐ東京に行くぞ。待っておくんなせいやし～。菊乃家の大井勘至親分！　いや親方！

上京、菊乃家の親方の元へ

すぐに菊乃家に連絡を入れて、手紙が届いて1ヵ月後、ボクは飛行機で上京した。ところが当日は台風の影響で羽田空港に着陸できず、伊丹空港で降ろされたのだった。仕方なくそこで1泊して、翌日の新幹線でようやくたどり着いた大東京。

この日、菊乃家さんは大丸デパート内の物産展での宣伝回遊の仕事らしい。はじめて東京のチンドンの仕事を見せていただけるということで、ボクは緊張とすごい期待でドキドキしていた。もうすぐ親方にお会いできる。内藤さんもいるに違いない。しかし、広い店内なのでなかなか見つけることができなかった。が、ついにエスカレーターで降りて来る親方を発見。

「こんにちは。初めまして。長崎の河内隆太郎です」

「菊乃家です。遠いところ大変でしたね」

と、親方はにっこり。

これが親方との初対面だった。上に仲間がいるからと親方にそのまま連れて行ってもらった。そこにいたのは内藤さんではなく、金歯がキラッと光っている年輩の女性。見るからにこの道、うん十年といった感じ。ちょっとのけぞるボク。その横にはボクより

東京下町墨田区京島のご自宅にて。お二人には本当にかわいがって頂いた。とっても仲良しのご夫妻だ！

若そうなラッパ吹き。なんだ内藤さん、いないんだあ、と心の中でちょっとガッカリした。しかし、それが幸子姐さんと堀田くんとの出会いだった。

その日、お三方のチンドンを見せていただいた。あまり演奏がどうのこうのという印象は覚えていないけど、堀田くんが吹いた『青春のパラダイス』という岡晴夫の曲がカッコイイなあと思った。

仕事帰りの東京駅で、幸子姐さんは「じゃあ」と支度（衣裳）のまま人混みに消えて行ったことにボクは呆然とした。川太郎一座のころは、自家用車で現場まで行ったし、楽屋で着替えていた。だから支度したまま現場集合・解散という東京のスタイルにとまどいたじろいだのだ。しばらくして堀田くんも支度のまま帰って行った。

ボクは親方のお宅を訪問させていただくことになった。もちろん親方もお侍さん姿のままの支度でお帰り道中。大都会の街中をこんな姿で……、もし自分だったらけっこう恥ずかしい……。ご挨拶には来たものの、東京でやっていけるのかなあ、ボク……。不安。

だけど、親方の住むまちにまず感動した。江戸の古き良き風景を残したまち並み、墨田区京島というまち。いわゆる新宿、渋谷とは正反対のまち。コッペパン専門店の「はとパン」という店が近くにあり、古いショーケースにきれいに斜めに懐かしいコッペパン達が陳列してあった。

商店街は古いけど活気があった。銭湯も多い。区画整理は進んでなくて、路地が狭く、三軒長屋に暮らす人もいる。住んだことはないけど、どこか懐かしさを感じずにはいられなかった。太鼓を担ぎながらそのまちを歩く親方の姿。想像しただけで粋な感じがしませんか？　ボクはキョロキョロと親方のあとをついて歩きながら、東京というところは最新と最古の混在した街なんだと初めて知った気がしていた。

親方の家には、おかみさんとご子息の万砂雄さんがいっしょに住んでいるとのこと。おかみさんはチャキチャキの江戸っ子という風情で、優しくボクを迎えてくれた。

彼女は親方のことをほとんど褒めない。

「これからお父さんをよろしくお願いします」

と逆にお願いされて、恐縮するばかりだった。それはこちらの言葉ですよ〜何おっしゃいますか〜。だが、それを聞いていた親方はただニコニコ笑っているだけ。

親方夫婦は金婚式を過ぎているという。おかみさんは親方のことをボクらの前で怒ってばかりだったけど、めちゃくちゃ夫婦仲がいいことは一目で分かった。誰もがうらやむ理想の夫婦なのだ。

耳を澄ますと、ボクらにいっているわけではないが、外で「ばか、かば、チンドン屋、お前の母さんでべそ」という子どもたちの遊び声が聞えた。行商がリアカー引いてやって来た。おかみさんはアジの干物みたいなものを買っていた。夕方には太鼓の音が聞えたので、すぐに外に出てみたら、団子屋が太鼓叩きながら台車引いて売り歩いていた。

「この辺じゃあ、近所で醤油の貸し借りなんてしょっちゅうよ」と親方。まじ〜? ボクは過去にタイムスリップしたんじゃないかあ?

「ところで、楽器のほうはどうです?」

と、親方は切り出した。

左から　河内・堀田くん・親方・祐子さん・啓子さん・内藤真水さん

河内が着ている着物は、初めて親方に浅草まで着物買いに連れていってもらった時に買ったもの。

「いやあ、まだ人前では吹けません。やはりお仕事は楽器が吹けないとないのでしょうか?」

「まあ吹けるにこしたことはないですね」

「頑張りますので、よろしくお願いします」

その日は親方の家で夕食までご馳走になった。夜は阿佐ヶ谷の友人假屋昌伸くんのところに泊まることになっていた。彼は高校時代からの友人で、ボクを常にリードしてくれるヤツ。映画の吹き替えの仕事（声優）を目指して、都会で頑張っていた。そのころは唐十郎さんの唐組という劇団に新米ながら所属していた。

「おいもついに假屋のいる東京に住むぞ。これからよろしくな。とりあえず長崎に戻るけど、また11月の初めには住むところとバイト探しにやって来るよ」

ボクはそう假屋くんに話しながら、この数日で何となく全身で「東京」を感じていた。ちなみに假屋くんは現在プロの声優として活躍中である。

長崎にもどり10月を迎えた。今月まで慣れ親しんだ花屋ともお別れだ。具体的な目標があっても、次のステップに進む時期が近づいていると知っていても、このままずっと楽しくバイトできたらなあという気持ちも強くあった。やっぱり新しい環境に飛びこむのが正直怖かったのだ。

そしてバイト最後の日。全員に挨拶して花屋をあらためて卒業した。お別れ会も開いてもらった。激励の色紙のコメントを読むと何だか力も湧いてきた。ただ、どうしてもためらいがあったのは、当時付き合っていた彼女（現在の嫁さん）と離ればなれになってしまうことだったなあ。あー遠距離恋愛か……。

東京の住居と怪しい仕事決まる

11月初め、再び上京。今度はバイト探しと住まい探し。阿佐ヶ谷の假屋のところに泊まりながら探すことにしていた。プロの声優を目指す彼は、目指すことと少し違うので所属劇団はやめるといっていた。やりたいことを実現させるためには、生活とのバランスとやるべきことを明確にしておかないとなあ。

ボクもチンドンでは食えないから、それに近い仕事をしたいと考えいた。ただ最初の難関は家探し。会社員でもないし、バイトも決まっていないし、生活は安定していないしで、不動産屋から物件を紹介してもらえないのだった。でも、あの手この手でしぶとく物件を探してくれる不動産屋が池袋に見つかった。

その不動産屋には2時間くらいいた。

「23区内で、できれば東の下町あたりで、家賃5万円くらいで……」

ボクはいくつか条件を提示した。ただし相場はワンルーム6万5千円くらい。しかし、あったあったいい部屋が。5万円で風呂とシャワー付、新小岩という千葉寄りの場所。ここなら親方のところまで原付で行けばそう遠くないはずだ。実際に中は見ることができなかったが外から眺めてみた。それは鉄筋のマンションだった。住所は東京都江戸川区。

江戸川っていう響きが下町っぽくていいじゃないか。そこには12月初旬から入居できるらしい。よしここに決めた。

さて次は仕事だ。チンドンだけでは食えないことは分かっていた。まずラッパが吹けないのだ。プロはアマと違い予算で人数が決まるから、ボクのように何もできないと声はかからないだろう。話によると、同僚の堀田くんはサックスが上手く吹けるので、あちこちの親方から仕事に呼ばれて忙しいらしい。いいなあ。どうしよう。

そう思っているところへ、初対面の内藤さんから意外な仕事を紹介された。

「え〜、マジですか?」

「大丈夫、大丈夫。私がいつもやってるんだから。1日6時間で1万円よ」

「6時間で1万円? やります、やります!」

その意外な仕事とは、なんとなく怪しい風俗店のチラシ配り。内藤さんによると「クラリネット吹きながら、ボチボチ配っていれば大丈夫」とのこと。

でもお店がお店だけにちと心配だった。そこやばい人絡んでないかなあ。だが結局、生活費を稼ぎながらクラリネットの練習もできるというメリットに魅力を感じて、ついOKの返事をしてしまった。それを反対する知人も、ボクを知る人すらほとんどいない大都会東京。まあ、どうにかなるに違いない。

さあ決めるもん決めたら、長崎へトンボ帰り。残り半月弱の長崎を楽しもうと思った。両親と彼女に東京での顛末を報告すると、部屋はいいとして、仕事のことはかなり心配していたみたいだ。そりゃそうだよな。

第四章　東京生活始まる

上京は彼女に送られて

その後、長崎では2週間ばかりのんびり過ごした。年内に東京に移り住むという自分なりの目標は、ほぼ達成できるだろう。ボクの場合、ただでさえ出戻りなので、身内の人に挨拶して別れを告げただけで上京することにした。

今度こそ一人前目指して一からやるぞ。気合い十分。

あれは、バンダイが出して当時大流行した携帯ゲーム機「たまごっち」を発売した6日後のこと。迎えた平成8年11月29日、ボクは当初の目標通り単身上京した。25歳のときである。

出発当日は彼女に空港まで送ってもらった。

「心配しないで、元気でやるからね～」

機内では寂しい気持ちを引きずっていたものの、羽田に到着してあったかい蕎麦を食べたら、自然に元気を取り戻した。ただ、夕方17時前だというのに、東京は真っ暗で肌寒い。ボクは薄着を後悔した。

当日は例の風俗店に行って、ギャラの交渉をすることになっていた。さっそく店長さんに電話すると、「明日にして」とあっさり断られた。おいおい待ってくれよ、いい加減だなあ。冷たいなあ。で、何もすることがないので、アポなしで親方の家に行ってみたが誰もいない。寒さと早い夜のせいで、急に都会が怖くなってきたぞ……。

バイト、クビになる

翌日、「奥へどうぞ」と迎えてくれた人は、眼鏡薄くて金髪で尖っていて、マジやばそうな人だった。奥の風俗店事務所には、数人の女の子と店長さんがいた。あきらかにボクだけビビってたけど、勤務時間、場所、ギャラなど大事な用件だけは伝えないと。それから店長とあれこれ話をして、仕事はさっそく明後日からということになった。こりゃ忙しくなるぞ。

その翌日、まず仕事用の衣裳を揃えることにした。自分の仕事だから親方には頼れない。簡単な衣裳でいいといわれていたが、自分できちんと探そうと、ボクは古着屋を回ることにした。いろいろな店を回って、赤いジーンズに赤いシャツ、青いおばさんジャケット（ボタンが左前で袖が短い）、黄色のネクタイ、赤い帽子。想像するだけでアホな格好の衣裳が5千円くらいで揃った。まるで歩く信号機だ。

平成8年（1996）12月1日、東京でのチンドン仕事初出勤⁉「チンドン屋には楽屋なんかないんじゃ～」と心の中で叫びながら、ボクは假屋宅である阿佐ヶ谷のアパートから（信号機の格好で）孤独に出勤したのだった。まだうまく吹けないクラリネットを手にもって。

出勤場所は西葛西という江戸川区の南の方。夕暮れは短く、すぐに夜になった。さっそく駅から出て来る人に風俗店のサービス券を配る。サービス券は意外とはけた。これも北九州時代に英会話のチラシ配りでコツをつかんだからだな。クラリネットは自信がないので、ただもっているだけ。それでもときどきチャルメラを吹いてみたりした。

元来まじめな性格のボクは、たとえどんな店だろうと成果を上げるという気持ちで頑張った。ついに指定された駅の外にも出る。すれ違う人に配る。時々交差点でも配る。駅周辺を歩き回る。店の前を通り過ぎる。実際、動いてないと寒くてやってられない。なかなか時間が過ぎてくれない。とくに21時から22時までが暇で暇で地獄だった。この仕事続けられるかなあ。心配になってくる。

やっと終了時刻の22時になり、店に戻ってみると「客入りいいよ」と店長は笑顔。初日は足が棒になって終了した。ヘトヘトになり阿佐ヶ谷に帰ったら、假屋から「隆ちゃん、その格好で行ったと?」と大笑いされたのだった。

ビラ配り2日目。それは突然やってきた。

また長いバイトが始まると思いながら、駅前に立ってビラを配りはじめた。30分くらい経ったころにお店から女の子がひとりやって来た。

「店長が呼んでます」

「何だろう？　何かいってましたか？」

「いえ、別に」

店に戻ってみると、突然、ボクはその場でクビになってしまった。へっ？　何で？　どうやら警察に苦情の連絡が入ったらしい。昨日張り切って駅周辺をうろついたことがいけなかったようだ。近所の店舗から「店の前に立たれては迷惑！」と通報されたみたい。

そのことはすごく後になって貴重な経験だったと気づくんだけど、そのときは激しく落ち込むばかりだった。2日目にして早くも仕事がなくなったのだ。明日からどうすりゃあいいだよ〜。来週からひとり暮らしもはじまるのに。

困ったってもんじゃないよ。貯えを使い果たして上京したばかりなんだから〜。

バイト先を紹介してくれた内藤さんと連絡がついた。

「すみません。クビになってしまいました」

「あそう。じゃあちょうどよかった。来週私の代わりに本八幡の店に出て」

また風俗店かあ。でも仕方がない。先輩の頼みだし金もないし。この内藤さん、テレビ番組のイメージでやる気のある方だと信じていたが、意外な方向にやる気を注ぐ方で、これからのお付き合いもどうなるかな？　という感じだった。

本八幡でのバイト2日間は、クビにならないようにあまり現場を離れないでビラを配った。あいかわらずクラリネットはチャルメラのみ。ときどき、店の若いのが偵察にくる。こっちだってちゃんとやってるっつーの！

夜がだんだんふけていくと急に虚しくなってきた。寒いし、通りがかりの女子高生には「なにー⁉　この人笑える～」とバカにされるし。「あー、国立の長崎大学出て、これかよー」なんて、いままでこぼしたことのない愚痴がつい口から出てきた。ここの風俗店の店長は長崎県の出身らしく、「社員にならないか？」と初日の夜に誘われたけど、丁寧にお断りした。

2日目の夜、寒くて虚しくて、これ以上この仕事はつづけないほうがいいと気づいた。で、ちょっとさぼって深夜営業中の本屋に入り、信号機のような支度の男は夢中で求人誌をめくったのだった。

「めでたや」との運命の出会い

「あの〜求人誌を見てお電話していますけど、まだ募集してますか？　はい……、で、あの、どのような仕事内容でしょうか？　はっ？　えっ？　へーお餅つきのパフォーマンスですか……」

　ボクの目に飛び込んできたバイト情報は、「祝い餅つきパフォーマー募集」というものだった。事務所は渋谷にあるみたい。どんなことする仕事だろう。期待しながら即面接に行くことにした。

　その事務所のドアを開けた途端、ボクの心は踊った。半纏やら太鼓やらが部屋いっぱい並んでいて、和風の空気感いっぱいだ。ここしかない！　やってみたい！　すぐにピンときたのだった。

　これが「めでたや」とボクの出会いだった。そしてすぐにその場で稽古に参加することになった。稽古場に行くと、たくさんの人が練習していた。かき入れどきの正月を前に気合いが入っているらしい。そのなかに、ボクをその後体育会系に鍛えてくださる専務さんがいたのだった。

「めでたや」での練習は、けっこうきついものだった。ただそれよりも若い東京人に何となく馴染めなくて、それが悩みの種だった。これまではどんな環境にもすぐに溶け込んできたつもりだったのに。自信もあったんだけどなあ。でもまあこれも時間が解決してくれるだろう。

ひとまず祝い餅つきのデビュー戦が決まった。会場は椿山荘という東京でもかなり大きい婚礼式場だ。その目標はできたんだけど、チンドンの仕事の話はないし、まずは日銭を稼がないと生活できない。中途半端にバイト探せないしなあ。チンドンと餅つきと並行してやれるバイトってないかなあ？　そう思っているときに親方から電話が入った。もしやチンドンの仕事かな？

菊乃家の親方の息子さんの万砂雄さんは、姉妹の雅江さんとはま代さんといっしょに下町の八広というところで、ビニール袋加工の工場を経営していた。「そこで年末までバイトをしないか？」という親方からのお誘いだったのだ。これはありがたい！　渡りに船ということで喜んで引き受けることにした。

八広はいいところで、町工場の匂いがするまちだった。近所には当時20円でハムカツを売っている店があったりして、古き良き時代の東京をたくさん残しているところ。ボクは不器用でなかなか工場の戦力にはならなかったけど、仕事があるってことはありがたいことだった。仕事は18時までだったので、家に帰ってから1時間はクラリネットの練習も十分できた。

そしてこの工場で働きはじめてすぐに、ついにチンドン初仕事の日がやってきた。

東京でチンドン初仕事

その日、朝一番に親方から一本の電話が入った。

「今日チンドン出られる？　工場のほうは万砂雄にいっとくからさ」

「もちろんですよ〜。でも親方、ボク支度とか何も分からないんですけど、どうすればいいんでしょうか？」

「それは大丈夫だから、すぐ家においで」

というわけで、ボクはダッシュで原付を飛ばした。

親方はもうちょんまげつけて、支度完了状態。

「はいこれ着て。化粧はいらないから」

親方から渡された衣裳は、上下お揃いのショッキングピンクに黒の水玉のピエロ服。

それと鼻髭メガネ。これで電車に乗るんですか？

一瞬ひるむボク。でもチンドンに出られる喜びのほうが大きい。

さあ、板橋区のパチンコ店の開店の宣伝に出発だ。ちなみにボクはチンドン太鼓担当。経験ゼロ。親方の後ろをくっついて歩くらしい。いいのかなあ。親方はべつに心配していない様子。板橋駅に着いたら堀田君と姉弟子の啓子さんがいた。

で、初仕事は楽しかったなあ。仕事内容は街廻り。自由にチンドン屋が街を廻って宣伝する仕事だ。

堀田君はサックスが上手いなあ。歳も近い。入門もボクより半年早いだけらしい。彼もある理由からタウンページで菊乃家を探して入門したという。いるんだなあボクと同じような境遇の若者が。啓子さんは内藤さんの古い友人らしい。彼女には小さい娘さんがいるという。

ボクは音を出して廻るのが楽しかった。だが、それは仕事だという気が強かったせいか、その日休む時間が多かったことにはちょっと驚いた。まあ親方の年齢や体力とのバランスだったと思うけど、もっともっとやりたくて仕方がなかった。でも親方は「あんまり廻り過ぎると、終いにうるさいっていわれちゃうんでね」と、路地裏でタバコに火をつけ、また一服するのだった。

祝い餅つきデビューと初失敗

菊乃家チンドンデビューにつづき、12月の中ごろ、めでたやの祝い餅つきの仕事もデビューの日を迎えた。現場は巨大結婚式場の椿山荘。もちろん披露宴だ。が、半纏姿に鉢巻きに襷など初めて身につけるものばかりで、着方すら分からずにリーダーを手こずらせた。

「今日はパフォーマンスのことだけ考えて」

とアドバイスされ、緊張しながら臨んだ本番だったが、とくにハプニングもなく、それなりにできたかなと思っていた。しかし、リーダーには「舞いあがっていたなあ」なんていわれた。そうだったかなあ。そのときは、終わってみてどんな演技だったか覚えていなかったので、たぶんそうだったのかもしれない。

祝い餅つきの仕事は、正月がかなり忙しいらしい。平成8年師走。激動の1年も間もなく終わる。

はじめて東京で迎える正月。平成9年(1997)は祝い餅つきの仕事でめでたく明けた。1日に2ステージか3ステージ。新人のボクにもそれなりに仕事があった。仕事に慣れてくると、だんだん楽しくなった。先輩方とも少し打ち解けてきた。ただ、めでたやの藤井社長とは、稽古でちょっと挨拶しただけで、現場仕事でいっしょになったことはなかった。専務さんと同じく怖そうな人だというような印象で、何となく近寄りがたい雰囲気のある方だった。髭と少し出たお腹。当時は45歳くらいだったように思う。

その社長と初めていっしょに仕事した日。ボクはちょっとした失敗をやらかしてしまった。

その日の現場は帝国ホテルだったかな。ある企業の新年会に招かれていた。元気いっぱいの助手であることを社長にアピールしようと、いつものように張り切るボク。社長の口上はとてもおもしろく、刺激された。さすがだなあ。プロだなあ。

演技が終盤に差しかかったとき、ボクは焦って杵を所定の場所に戻し損ねて、床に落としてしまった。それであわてて杵を拾って戻した。その場ではとくに大事に至ることなく、最後まで盛り上がって終わったので、まあ大丈夫かと思っていた。しかし、控室に戻ってから「もし後ろの金屏風を破ったらどうするんだ！」と社長にめちゃくちゃ怒られた。以後、社長に会うたびに緊張するし、杵を落とさないようにしっかり気をつけるようになった。ただ、めでたや卒業まで社長のダメ出しの嵐はその後も吹き荒れることになる。ヒエ〜。

初めて過ごす東京の冬は長く感じられた。ボクにはそういう気がした。その後のチンドン仕事はほとんどなく、毎日ビニール工場のアルバイトに出かけた。週末は祝い餅つきの仕事で何とか生活費をまかなっていた。長崎の彼女と電話で話すんだけど、長距離の通話料はばかにならない。

夕方には近くの土手でクラリネットの練習することが日課になっていた。これが吹けたらもう少しチンドン仕事に呼んでもらえるだろうと期待しながら。あの頃『いとしのエリー』を耳コピで練習してたっけ。でも激下手だった。

春の足音が近づくにつれて、ビニール工場の仕事も繁忙期を過ぎた。ついに万砂雄さんから「河内くんがいて助かったけど、うちも今のまま雇うのは無理なんだよ」とのお言葉。そうですよね。そもそも昨年の12月いっぱいということで入れてもらったのに、ちょっと甘え過ぎていた。かなり反省。もう一度自分の力で仕事を探さないといけない。そうだなあ。かけ持ちを許してくれるような仕事……。最後に「どうしても見つからない時はまた来いよ」と万砂雄さんからありがたい言葉があったが、うん、でも自力で他の仕事探そう。

初めて富山の全国大会に出場

平成9年4月、アニメ『ポケットモンスター』の放送が開始された。そして4月といえば、毎年富山の全日本チンドンコンクールが開催される。この大会の歴史は古い。富山の観光事業としても有名だ。その年は43回目の開催を迎えようとしていた。

ボクはこの大会に出たくてしようがなかった。でも無理かなあ。いや、それが運よく親方と堀田くんと一緒に参加することになったのだ。

親方から約4分のステージ構成を、「2人でうまいこと考えてください」と指示された。優秀者には賞金が出るし、各賞もある。よっしゃ頑張るぞ～。だが、80歳と20代2人の組み合わせでいったい何ができるだろう？　堀田くんと2人で頭を抱えて考えた。堀田くんは女形をやりたいとのこと。ボクは得意？　のダンスで出たいと思った。でも、親方の口上ははずせないぞ。堀田くんは頭をひねりにひねった挙げ句、何とも微妙なステージ構成を思いついた。今振り返れば最低……。でもその時は何とかカタチになると、まんざらでもない気持ちだったのだ。

この年の第43回大会には菊乃家から2チームが出場した。もう1チームは内藤さんのチームだった。ボクは事前に自分の支度を考えていた。ダンスで行くと決めていたので、長崎の母に以前作ってもらった地味ながら身軽な洋装だ。そして頭部分は青いビニールセロファンを裂いて（チアガールのボンボンみたいなもの）完成した手製のズラにした。ズラの土台は長崎の彼女に編んでもらったが、これ当時はシークレットだった。

あの時のボクの姿、きっと読者のみなさんには想像しがたい支度だったと思う。2日間の行程で支度はその一着のみ。浮いてたなあ～ボク。

それに周囲に知り合いはいない。堀田くんが他のベテランさんと親しく会話しているのを羨ましく思ったものだ。親方はでんと椅子に腰かけている。親方のところへ次から次にベテラン連が挨拶しに来る。さすがだなあ。このお方はやっぱり重鎮なんだなあ。大阪のちんどん通信社の一座も、福岡のアダチ宣伝社のところも明るく楽しいステージだった。よそのチームばかりすごく見えてくる。

我が菊乃家チームはといえば、ボクが素人くさい支度で、堀田くんは微妙な女形。親方は地下足袋で和装だったが、頭は急遽考えたおもちゃの虹色アフロヘアー。「カツラは重いから」と持参しなかったみたい。そのことで堀田くんと舞台袖でちょっとオタオタした。で、心の準備もできないままボクらの順番がコールされたのだった。

初出場のコンクールの舞台。……やっぱり無理があったかも。

母親に作ってもらった衣装を着てみた。不思議な支度。

虹色アフロの親方！（左から２人目）・女形の堀田くん（右から３人目）・テーマ不明の河内（一番右）

ステージ構成はこうだ。ボクが大学時代のダンスの恩師加藤先生がやっていた蝶々のパントマイムもどきを手でやって、それを女形の堀田くんが虫取り網で追いかけまわす。その間に親方は虹色アフロで口上を切る。

そんな微妙なステージが終わって、青春ドラマみたいに「終わったなあ。おれたちのステージ」みたいな達成感があったのだから、情けない。もちろん入賞は叶わなかった。優勝は大阪のちんどん通信社の林社長チーム。かくして初めての富山全国大会は幕を閉じた。まあ反省点は多かったが、結果はどうあれ楽しい思い出にはなった。

大会に参加していいこともあった。富山からの帰りの電車の中で、チンドン屋の柿沼さんという女性から「かつらの店頭販売のバイトしない？」と声をかけられたのだ。こりゃあ渡りに船、好都合だ。4月から何の仕事で食いつなぐか悩んでいたので、快諾。でも、できるかな？　かつら売り？

かつら売り

初めてのかつら売りの仕事は、立川のデパートだった。扱うかつらは業界では異例の安さらしいけど、ボクらにはちょっと手の出ない金額のものばかりだった。販売ノルマはないが、何となくプレッシャーはある。とりあえず慣れるまで柿沼さんが一緒に入ってくれることになった。

初日の売上は1万3千円だったことを覚えている。一日に最低10万円は売らなければ女社長の深代《じんだい》さんに報告しづらいという。もしダメだったら切られるかもしれない。長い期間は勤務させてもらえないだろうなあ。次のバイト探すつなぎくらいにはなるかもなあ……。とかなんとかいろいろ考えていたが、人生分からないもので、この仕事、以後東京に住んでいる間ずっと続けることになるのだった。

試練

めでたやの仕事もずっとがんばっていた。でも何となく慣れない。

ある日の仕事で、今度は専務にウルトラダメ出しを食らった。とにかく仕事内容は全部ダメだと……。あれもこれもどれもそれも。あまりの言われようにボクは動揺し、帰りの電車も乗り間違えたくらいだ。それほど落ち込んでいた。もう「あのボク、このまま生きていてもいいっすか?」と思ったくらい。

東京時代の3年間、暮らしの基盤であった。ここで販売と宣伝の基礎を学ぶ。

社長も専務も本当にボクを落ち込ませるなあ。やめる気は全然ないんだけど、次の仕事がプレッシャーなんだよな。ある時は回し蹴りも一発もらった。まさに体育会系のノリ。ついに専務から「河内、お前餅つき、なめてんのか!」と怒られ、「次までにおれに手紙書け。どういうつもりで餅つきするのか書け」といわれる始末。

何か子ども扱いみたいで、自分が情けなくなり、落ち込み指数は100%状態だった。

手紙ったってなあ。まあ逆らえる相手でもないので、自宅で便せん2枚にしたためた。ボクなりに熱い想いをつづった内容だ。将来長崎で独立したいこと。そのために祝い餅つきはいい勉強になっていることなど。今振り返れば、超恥ずかしい〜。この頃はめでたやに出会った喜びの中に、何で出会っちゃったの？みたいな微妙な感情が入り混じっていた。でもこの専務が後々ボクを成長させてくれることになるのだから、人生はおもしろい。

初めての出方

梅雨の時期になって、少しずつチンドンの仕事が入りだした。嬉しいことに、堀田くんのサックスと交代でクラリネットもちょっとだけ吹かせてもらえるようになった。

そしてある日、ついにチンドン名人の滝乃家一二三親方からボクに出方（出演協力）の要請がきた。その時は「とうとう来たか！」という喜び半分、粗相のないようにというビビリ半分の気持ちがあった。いったいどんな親方なんだろう？　いろんな人脈を使って情報は集めたが、緊張するなあ。要請があって数日間は『南の島のハメハメハ大王』や『北酒場』など15曲、当時のレパートリーのありったけを練習したっけ。

そして迎えた当日。集合時間より30分早く現場の渋谷のパチンコ屋に到着した。まだかな、まだかな、ソワソワ。堀田くんにでも電話しようかな。そうだついでにトイレに行こうと椅子から立ち上がった瞬間、いきなり一二三親方の登場。

「あっ、初めまして、菊乃家の河内です。まだまだ素人ですが、今日はよろしくお願いします」

するとー二三親方は笑顔も見せず「仕事場で素人なんていわないように！」と一言だけ。いきなり注意されたのだった。

一二三親方との初仕事の日は、すごくいい天気だった。渋谷の人混みはすごかった。毎日が長崎くんちのお祭り状態。ただし、チンドン屋はあまり気にかけられることも注目されることもなく、都会の人々は淡々と目の前を通り過ぎる。ボクらはうまく街に溶け込んでいた気もする。そんな時は、集客うんぬんよりもレパートリーがどんだけ持つかということばかり気にした。あと5曲増やせればいいなあ、演歌も覚えたいなあとか。もう一度一二三親方にこういうチャンスをもらいたいと、必死に吹いていたのが『東京音頭』だった。

一二三親方とは休み時間に少し話しができて嬉しかった。親方はチンドン太鼓がすごく上手かった。身体に染み込んでいる感じが、太鼓を叩く姿に現われていた。

毎日練習に通った近くの中川にて。長い時は１日７時間位練習してた。

艶のある江戸前チンドン太鼓という風情なのだ。お父上は初代の一二三親方で、親方は15歳からチンドンをやっているということだった。ボクのチンドン人生でその後影響を受け続けている、尊敬するチンドン屋さんのひとりが一二三親方なのだ。

第五章　彼女が東京へやって来た！

特訓

本格的な夏が来るちょっと前、長崎の彼女が東京まで遊びに来ることになった。2泊3日の上京だけど、とても楽しみにしていた。

でも、ボクにはその前日にある試練がまっていた。じつはめでたやの専務が個人指導をしてくれることになっていたのだった。この特訓をクリアーしなければ明日はない……。

それで、いよいよ特訓の日。事務所に着くやいなや「まずは筋力トレーニングから！」ということで、ベンチプレスなどボクの限界の120%を超えるくらいのメニューをこなした。その特訓のきついのなんのって、つらさを通り越して気が遠くなりそうだった。しかし、ここで「根性見せないと！」という数%の意識のなかでふんばった。それが終わるとすぐさまパフォーマンスの練習。いつぞやの引越屋バイトの初日みたい〜。

すべての指導が終わって「ありがとうございました〜」なんて挨拶したけど、本音は「専務、もう勘弁してよ〜」だったなあ。おかげで翌日の彼女との甘〜い再会は、かつて経験のない激しい筋肉痛に悩まされたのだった。もうホント勘弁してよ〜。

再会

待ちに待った彼女との再会の日。待ち合わせ場所は、うちの最寄り駅の新小岩駅だった。ボクが先に彼女に気づいた。でも向こうは全然分からなかったみたい。そのころ自分では気づかなかったけど、ボクは骨皮筋衛門《ほねかわすじえもん》みたいに痩せこけていたらしいのだ。その日着ていたTシャツは、妙に伸びて貧乏くさくしていたみたいだし。まあそれも無理もないかも。何しろ当時の主食が米ともやしだったからなあ。

で、彼女との楽しい時間はあっという間に終わった。やっぱり東京と長崎じゃあ遠いなあ。こっちの暮らしが安定していれば呼び寄せるんだけどなあ……。安定などありえない仕事だけどさ。

ボクの選んだ不安定な仕事……、浮き沈みはつきものだけど、このまま浮かばなかったらどうしようなんていつも考えていた。

はじめて迎える東京の夏は暇を極めた。まずはかつらの店頭販売の仕事が減った。お盆があったり暑かったりで、中止になることが多くなったのだ。餅つきの仕事も月1本のみ。肝心のチンドンは3つか4つあったかなあ。その月の稼ぎが8万～9万円だったことを覚えている。家賃が5万円以上だったから、苦しいのなんの。またまたおかずはもやしのみの日々が増えた。そのころ餅つきで知り合った友達が遊びに来たときも、特製もやしライスをご馳走したっけ。広末くん、その後お元気ですか?

河内音頭見物

夏も終わるころ、ある人に「河内音頭大東京盆踊り大会」という催しに誘われた。河内音頭のことは知っていたしボクの苗字と同じだし、ちょっと行ってみる気になった。会場に着くとこれが楽しいのなんのって、見物してよし踊ってよし、会場にはチンドン関係者も何人かいた。一二三親方にも会ってご挨拶した。

河内音頭には音頭とりが浪曲に調子のいいメロディをつけて唄い、三味線、太鼓、ギター、合いの手を入れるコーラス隊が伴奏を務めていた。ステージでは老若男女が独特のマンボ踊り、手踊りで楽しんでいる。何時間いても飽きないものだった。

まさにチンドンに近い感動と衝撃だ。ああ河内音頭聴いて、河内って苗字が妙に誇らしく、嬉しくなったなあ~~。

長崎でチンドン初披露

その年の秋、ボクは長崎にいちど帰省することになった。友人の披露宴に招かれたのだ。それに余興としてチンドンをやってくれとのこと。実際にはまだ素人同然のボクだけど、ちょっと張り切ってみた。

大学時代の友人たちは、ほとんど学校の教師になっていた。ボクがチンドン屋になっていることをみんなは知っているので、出席者のなかでボクだけ芸能人っぽく映っているに違いない。よ〜し、何とかやってみよう。でもひとりで何やる？　結局、普段やったことのないチンドン太鼓をボクがやり、長崎の彼女にアコーディオンを弾いてもらうことにした。激安のアコーディオンを揃え、弾き方も知らないのにピアノ感覚でやらせてしまった。彼女は嫌がっているというか何というか、よく状況が飲みこめないまま当日を迎えたのだった。

ボクの衣裳は浅草で買った安い半纏《はんてん》。その場は何とか盛り上がったようだったが、いまそのときの写真をあらためて見ると、恥ずかしくてゲロ吐きそうだ。それにチンドン素人の彼女に「その太鼓（のリズム）合ってないんじゃない？」って冷たく指摘された。てめぇぇぇっ、おれぇぇぇは、プロだぞ〜〜。しかし……犬の遠吠え。虚しかった。

頭《かしら》デビュー

10月の初め、めでたやから連絡が入った。

内容はなんと「今月末の仕事、頭できるか？」とのこと。頭とは現場リーダーで、口上をしゃべる立場の人だ。これ責任かなり重いぞ。現場が盛り上がるのも、盛り下がるのも、頭のしゃべりにかかっているのだ。え〜〜っというとまどいの気持ちもあったが、こんな機会はめったにないんで、喜んで引き受けることにした。

この頭の話、どうやら例の猛特訓の専務の後押しがあったみたいなのだ。それからちょくちょくめでたやへ通い、専務にも頭の練習に付き合ってもらった。日に日に当日が近づいてくると、そのことばかり考えていたので、つい自宅でも口上が口に出てしまっていた。

頭デビュー1週間前の現場でのこと。専務から「おれがついててやるから、お前今日これから頭やれ」との指示。マジっすか？　まだ心の準備できてないんですけど〜。でも専務のお言葉には逆らえない。ボクは即座に「わわわわ、分かりました。……勉強させていただきます」といってしまっていた。

その日に何かひとつでも想定外のことが起こっていたら、ボクはオタオタしていたに違いない。でも本当に運よく初めての口上は無事に終了した。専務からも「大丈夫だ。来週がんばれよ」と心強い言葉をいただいた。いつも褒めない上司からそういわれると、嬉しいものだ。専務がせっかく階段をひとつ昇らせようとしてくれているんだ。何とか頑張って期待に応えたいと思った。

そしてとうとう頭公式デビューの日がやってきた。

彼女と東京暮らしスタート！

初の祝い餅つきの頭デビューは緊張したけど、大きな失敗もなく無事終わった。というより、堅いスタッフが脇についていてくれたのでよかったんだけど。

そして11月。上京して1年になろうとしていた。だが、生活のほうはその日暮らしの連続で、振り返れば何となく道ができていたみたいな感じ。相変わらず何の保障もなかった。まあかつら販売の仕事が順調で、いつ入ってもOKという具合になっていたので、最低の暮らしでも続けられていたのだと思う。

さてそんななかで、ボクの身の上に変化があった。というのも長崎の彼女桂さんが上京して一緒に暮らすことになったのだ。桂さんは年上の彼女。ただし両親には内緒。だ

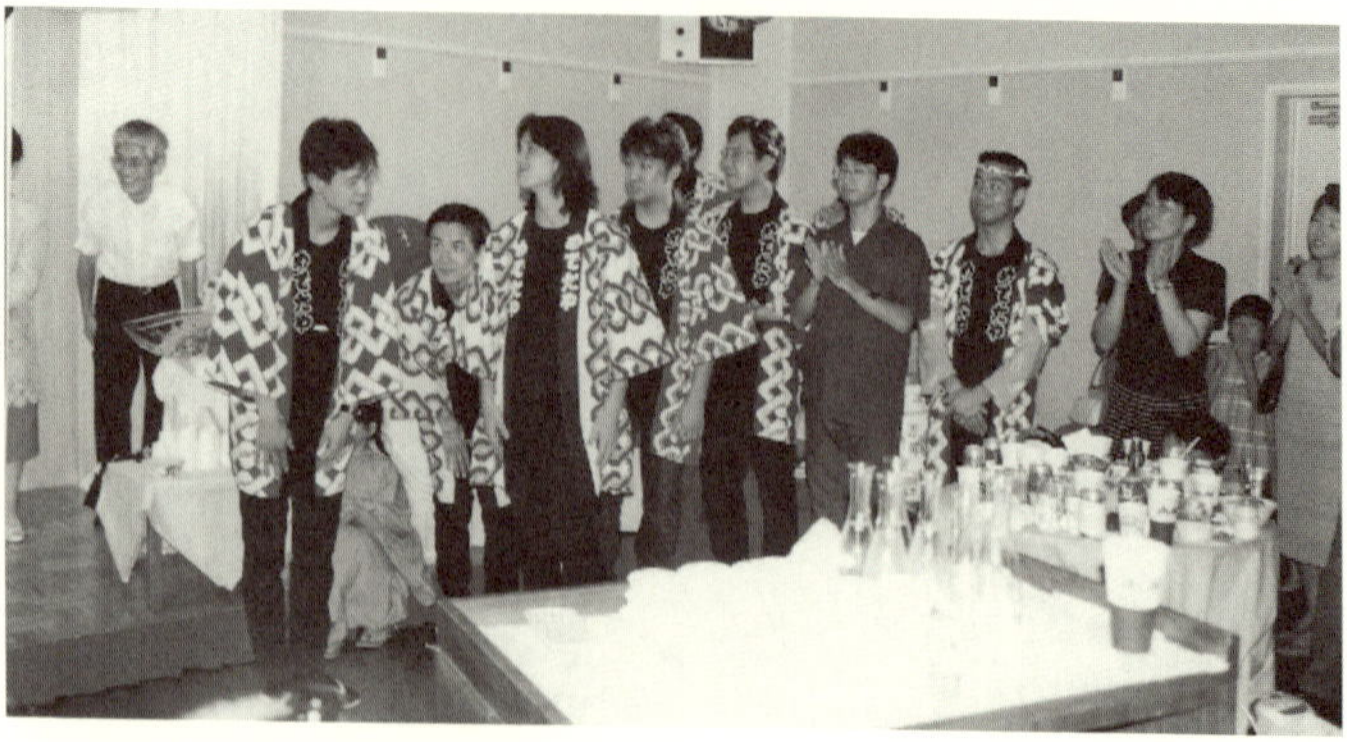
祝い餅つき芸　めでたやの仲間達。東京は本当に色々な仕事があるもんだ。

から桂さんは電話も取れないし、部屋も6畳一間で押し入れなしという狭さだったので、心身ともに窮屈な都会暮らしのスタートになったと思う。さてこれからどうする？　どうなる2人？

師走。12月はチンドン屋にとって仕事のまわる季節だ。ボクははじめて花島親方のところの仕事によばれた。その日は桂さんも現場を見にやってきた。

ボクの場合、クラリネットが下手なので、あまりよその親方から声がかからない。だから菊乃家チーム以外の同業者はあまり知らなかった。でもこの日はいっぺんに6人の先輩に出会えた。花島さん、江戸家小春姐さん、喜楽家のおかみさん、吉野さん、岩舘さん、そして後に親友になる足立くん。わ〜い、いっぱいいるなあ。ちょっとワクワクした。6人それぞれが個性的、輝く面々だった。

その日は2チームに分かれて廻った。ボクは花島親方、吉野さん、岩舘さんと同じチーム。文京区の商店街廻りの仕事だったけど、メンバーがみな気さくな方々だったので、一日はあっという間に過ぎていった。

平成9年（1997）は衝撃的な暗いニュースが多かった。神戸児童連続殺傷事件にダイアナ妃の事故死。明るいニュースといえばサッカーW杯初出場が決まったことだろう。

そんな平成9年の暮も押し詰まって、もうすぐ正月を迎えようとしていた。ボクは26歳。早いもんで1年を振り返るとその年も激動の年だった。

来年は正月早々祝い餅つきの仕事で頭（リーダー）を任されることになっていた。だから年末の稽古にも力が入った。ボクの現場がヘマして、つぎの仕事につながらないなんてことがないように責任も重大だ。ただ、東京の地理が分からないので、機材を運ぶ車の運転（頭の仕事）は免除してもらった。

そして迎えた平成10年（1998）正月。忘れもしない1月4日。うちから歩いて行ける距離にある住宅展示場での新春餅つきの仕事だ。その日、手に持った杵がどうも何か短いなあと感じつつパフォーマンスしていた。すると、2ステージ目でバランスがとれずに杵を落としてしまうという失敗をやらかした。彼女もわざわざ見に来てくれたのに～。まあそれはいいとしても、ふと気づくと機材回収に来た社長の車が……。

「しゃ、社長、あれ？　お早いですねえ。いつごろからお見えですか？」

「最初から見てたよ」

がちょ～～ん。だが、その日社長は失敗について怒らなかったし、何もいわなかった。その沈黙がかえってボクを落ち込ませた。

平成10年、いったいどんな年になるんだろう？　正月から波乱含みだ。

軍艦マーチでCDデビュー

お正月が明けて、最初のチンドンの仕事は何とレコーディング。キングレコードが軍艦マーチの特集のCDを発売したいらしく、菊乃家チームにチンドン演奏の依頼が来たのだった。

ところが困ったことに、ボクがクラリネットを吹くはめに……。ただでさえ下手なのに、スタジオ録音だとかなおさら緊張してだめだ。案の定、スタジオでは何度も録り直し。堀田くんの活躍で何とかかんとか終了はしたが、これがまさか『軍艦マーチのすべて』

という タイトルで本当に世に出回ることになろうとは……。この世に出回っているCDのなかで、たぶん最低のクラリネットだといまでも思っている。恥ずかしい。でも一応、近所のCDショップで買っちゃった（笑）。

初のチンドン九州遠征

菊乃家の仕事でまたすごいのが入った。「スナック・ナカシマ」という夜のお店の宣伝&ステージの仕事だ。現場は久留米、佐賀、鳥栖で一週間の仕事。初の九州遠征だ。

その遠征には、代理店のプロダクションからナンシー浅丘というゲイボーイが同行するという話だった。彼（彼女？）とは羽田空港で待ち合わせ。初対面の人なので分かるか心配したが、それは杞憂に終わった。誰が見ても一目で分かるおかまちゃんスタイル。身長170センチくらいで50歳くらいだったかな？ 白いブーツにヒョウの顔がプリントされた光る青いシャツ。

「こんにちは～～」とナンシー浅丘さん。それが不思議なくらいボクや堀田くんをリラックスさせるキャラだった。ただ親方だけは相変わらず動じない顔で、渋く「こんちは」だって。

無事、久留米の街に到着した一行。

今回お世話になる店は、ナンシー浅丘さんが以前仕事をしたことがあるというので、ボクらを店まで案内してくれた。まずスナック・ナカシマのママに挨拶。ナンシーさんはママと10年ぶりくらいの再会だというのに、毎日会っているかのようにゲラゲラ笑いながら話しはじめた。リラックスしてるなあ。

店内はまだ開店前で暗く、従業員が何やら床をゴシゴシこすっていた。ママいわく「昨日ね、ロウソクショーやったのよ〜」だって。ママはナンシーさんに「あのチンドン屋さん本当に65歳？」って訊いていた。それを聞いて親方も笑っていた。どうやら代理店の芸能プロの社長が、親方の歳を17歳さばよんだらしい。極めつけの行き違いは、ママがチンドンに女性メンバーがひとりほしかったらしく、仕方ないので堀田くんが女形をやることになった。メンバーは本物のゲイボーイ＆82歳の親方＆ボクと女形の堀田くん。そしていよいよ本番を迎えた。

菊乃家の親方は普段なら20時にはご就寝らしいが、今回の仕事は19時半くらいから繁華街を廻る宣伝でスタート。そして21時からのチンドンショー。しかしこれが、いろいろ打ち合わせしていたにもかかわらず、いまひとつ盛り上がりに欠けた。

それでもどうにか騒がしくショーを終え、やれやれと一息ついた。

ナンシーさんはといえば、客席で一緒に酒飲んで盛り上がっている。ボクらのショーに「祝儀をあげてよ～」なんて叫んでくれたので、客席からけっこう祝儀が集まった。控え室に戻って「あんまり派手にチンドンやると、次のナンシーさんのショーに差し支えるかも」なんて3人で話していた。

さてお次はナンシーさんの出番だ。堀田くんと2人でのぞいてみた。……ショーが始まるやいなや、ここはボクらのいるべき現場でないことを確信。ナンシーさんは本物のゲイボーイタレントだったのだ。客に大受け。脱いで脱いで脱ぎまくり、下着まで脱いで踊るナンシーさんに正直ビビった。松崎しげる版『グッド・バイ・マイ・ラブ』を流しながら、ひらひら踊るナンシーさんの姿は、完全に客をノックアウトした。

そして深夜12時から、親方意識朦朧状態で鳥栖店での二度目のステージ。宿泊先のホテルにはタクシーで向かったが、その運転手が何と「けんちゃん」という名のおなべ。おなべとおかまにチンドン屋3人の乗った怪しいタクシーがホテルに到着したのは深夜2時を回っていた。

ひぇぇ、これから1週間この奇妙な生活が続くんだ～～。

九州遠征の初日から3日間は全然受けないチンドンステージがつづいた。いっぽうナンシー人気はうなぎのぼり。親方はチンドンが受けても受けなくても変わらない様子だったが、ボクと堀田くんはだんだん精神的にきつくなった。昼間、ボクと堀田くんは何か受けるような夜のステージにならないものかと、あれこれ打ち合わせを重ねた。

4日目は完全オフ。親方が「自分も行くから長崎に行こう」と誘ってくださった。そうだな、ここまで来たし、帰ろうかなあと思っていたらナンシーさんまで「アタシも行く〜〜」だって。こらこら親方は歓迎だけど、ゲイボーイまで連れて帰ったら我が家はどうなる？　うちの両親とナンシーさんが会話する場面などどうしても想像できない。いや絶対にしたくない。してはならない。

そんでオフの日は、ボクと堀田くんとナンシーさんで博多まで遊びに行くことに。これがまた行く先々ですごい注目を集めた。ナンシーさんのパワーは休日だろうがどこだろうが衰えない。騒ぎ方や声のでかさでどこにいてもすぐに分かった。でもボクも堀田くんもいつの間にかナンシーに愛着を感じていたのだ。

スナック・ナカシマでの仕事は少しずつ慣れていった。いま振り返れば恥ずかしいステージに違いないが、少しコツをつかんだみたいで、ようやくお客さんから喜んでもらえるようになった。

最後の晩だったか、遅くまでステージやってホテルに戻ると、テレビの深夜番組で大阪の東西屋さんが特集されていた。やっぱりすごいなあ〜〜〜。全国放送だよ、これ。

こうしてボクらの九州遠征7泊8日の旅仕事は終わった。ナンシーさんのマシンガントークは帰りの飛行機までつづいた。ボクの人生のなかでも、こんなに印象の強い人は少ない。その後二度とナンシーさんに会うことはなかった。堀田くんは東京に戻った翌日、やむにやまれぬ衝動にかられて、ナンシーさんが全裸で踊る曲、松崎しげるの『グッド・バイ・マイ・ラブ』をCDショップに買いに走ったらしい。

全国大会第2位入賞

上京して2度目の富山の全国チンドンコンクールが近づいてきた。44回目の大会だ。その年も親方、堀田くん、ボクの3人組で出場することになった。

親方から「内容は2人で考えるように」ということなので、堀田くんと頭をひねった。で、決まったテーマが水戸黄門。派手に立ち回りをやるというわけではなく、姿形は水戸黄門と助さん格さんというだけ。内容は極めて単純で、親方の口上をお客様にじっくり聞いてもらうことを中心し据えた。ボクら2人はバタバタ動かずじっと控えているというもの。これなら稽古も楽だし、いいな。そんな安易なノリだった。親方にその内容を話すと「ホホホッ」と笑ってOK。いやあ今年も参加することに意義ありだなあ。ボクと堀田くんじゃあ、なかなかいいアイデア思い浮かびません。すみません、親方あ〜〜〜っ。

第44回富山チンドンコンクールは、最高の天気でスタートした。桜もちょうど満開で、風に吹かれて葉がちらりほらり。そんななかで開催されたチンドンコンクールの成績は、ボクらにとって思いもよらぬ結果に……。

構成は、ボクも堀田くんもとくに何かするでもなく脇に控えているだけ。親方の名口上だけが頼みのステージだった。ところがこれがバッチリ時間内にうまくまとまった。結果は、な、な、何と第2位に入賞したのだ。

ありゃ〜どうしよう〜、でも嬉しいよ〜〜。堀田くんも目にうっすら涙。結果を聞いたおかみさんも大喜びだったみたい。まさかなあ。でも親方の底力はすごいなあと改めて尊敬した。

その年が始まったばかりなのに、ボクは何か内容の濃い冬から春を過ごしていた。

第六章　結婚と長男誕生

桂さんとの結婚

話は前後するが、富山の大会前、長崎の知人に披露宴の司会&チンドンを頼まれたことがあった。ボクは堀田くんを誘って長崎に帰省した。そんでちょうどいい機会だと思い、長崎のある老人福祉施設でチンドンステージを企画した。

彼女の桂さんにも無理矢理参加してもらい、お互いの両親も招いた。が、ボクがチンドン屋という不安定な仕事だからか、交際には反対ということで、桂さんの父親には来てもらえなかった。質はまだ低いけど、それでもボクらはとにかく約50分のステージを精一杯やった。

あのとき、施設の代表で森キミさんが最後に感謝のお手紙を読んでくださった。堀田くんよ覚えているかい? 泣けたなあ~~あの手紙。さてその後は桂さんの父親の許しも得て両家公認となり、ボクら

月島にある堀田くんの家にて。

はその年の夏に結婚した。ボクもついに亭主だ～～。

結婚したからには2人分稼がないといけない。でも、自分で仕事とってきて頑張るなんて状況的にできなかった。ただ仕事がくるのをひたすらまつしかなかった。

そんななかで、かつら販売の仕事は深代社長が融通をきかせてくださった。「好きなときに好きなだけ入っていい」という女神のようなひとことが、ボクらの新婚生活を支えていたといってもいいかも。ただし、かつら販売は数字というプレッシャーが常につきまとった。これがきつくて………。

同僚で同じチンドン稼業の柿沼さんは、夜の寝言で、「すみません。……売れませんでした。ZZZZ……」といったという逸話もあるくらいだ。そして嫁桂さんも東京で仕事を探すことになった。いい仕事が見つかるかなあ。

見世物小屋で「口上うまいね」

平成10年の夏は和歌山毒物カレー事件が起こり、小渕内閣が発足した。そのころボクはといえば、そこそこ順調に仕事が入った。

9月のある日、餅つきの仕事で藤井社長と同じ現場になった。その本番前に社長から、

「河内、お前、イベントで見世物小屋の口上やるか？」

と唐突に聞かれた。

「は？　見世物、小屋、……ですか？　その口上？　それはどういうことですかあ？」

社長はその場で簡単に内容を説明してくれた。この見世物小屋は現在のものとは違い、インチキ口上スタイルで、例えば大ザル小ザルを見せるといって大きなザルが置いてあるだけというような落語で登場する感じの見世物小屋だった。が、その内容にいまひとつピンと来なかった。それでもボクは「勉強させてください！」とひとまず返事をした。すると、社長はにっこり。「お前ならやると思っていたよ」だって。でもボクにできるかなあ。

その見世物小屋のスタートは、10月1日から。開催期間は45日間だ。もうおひとかた春口さんという先輩芸人さんと3人でまわすらしい。あと3週間しかないのかあ。なにはともあれ、返事したからには頑張るしかない。早く口上の台本ほしい。

見世物小屋の台本には驚いた。いわゆる普通の見世物とはわけが違う。完全に口上のみが頼りのものだった。これをどうやっておもしろおかしく話すべきか？　うちで何度も口にしてみるが、桂さんから「全然おもしろくない」とはっきり宣言された。こりゃまた悩みが増えたぞ。でも本番まで時間がない。なんていっているうちに、当日の本番を迎えた。社長と一緒に練習なんかいちどもさせてもらえなかった。

「覚えてきたか?」

「はい、一応……」

「よし見てろ」

そういいつつ、社長は見世物小屋の呼び込みを開始。まずボクはお客として見学することに。社長の呼び込みはチンドン屋顔負けの上手さ。そして入場料100円がだんだん貯まる。その数人を相手にいざ開始。「さ〜〜今からお見せしますのは〜〜」ではじまった口上、これがすごくおもしろかったのだ。プチ衝撃。で、いきなり2回目の客相手に、ぶっつけ本番で口上をボクがしゃべることになった。

これがまた最低最悪。社長の口上と違って全然客は笑わない。あちゃー、完全に客に負けている。その日から、ボクの見世物小屋口上との格闘がスタートした。ちなみに社長と一緒に現場に入るたびに、毎回ダメ出しを出されつづけた。これはつらいよ〜〜。

見世物小屋の試練は10月2日にやってきた。

まだ2日目じゃんか〜〜。社長が餅つきのかけ持ちで、この日は来られないらしく、ド素人のボクがひとりで呼びこみ&口上を仕切るはめになったのだ。書き忘れていたが、見世物小屋の現場は浅草奥山地区五重塔通り商店街。休日は人通りも多い。

ひとりで不安とはいえ、社長のダメ出しもないから、研究しながら伸び伸びやってみようと決意。ボクはチンドン屋だし、呼び込みだけは社長に負けたくないという意気込みで臨んだ。すると、飯食う暇もないほど客は押しよせた。すすすすげ〜〜。でも肝心のボクの口上はイマイチ。

あれはお昼ごろの回だったか、おじさん客をいじる練習だと思って、「おじさん、勘がいいねえ天才だねえ」なんていったら、なんとその人は素顔のみどりやの親方だったのだ。その声を聞いてすぐに分かった。みどりやの親方はチンドン歴50年以上の大ベテランなのだ。しかも口上の名手。いまでも尊敬する親方のひとりだ。

ボクはしまったと思い、親方の帰り際につぎの客ほったらかして親方を追いかけた。

「すみません〜〜。親方とはつゆ知らず無礼なことを〜〜」

「いやいや河内さんは口上うまいねえ」

親方はそう返事したが、もちろん本心ではなく、褒められていないことはすぐに分かった。それから7ヵ月後、ボクは親方からきちんとダメ出しされることになるのだった。

とにかく雨の日は客足が途絶える見世物小屋。それでも社長から歩合でギャラをいただいた。「お金なんかもらえません」とボクはいったけれど、社長は「張り合いが出るから」とおっしゃった。口上は日ごとに少しずつ慣れていった。いま振り返っても、めちゃくちゃ勉強になったと思う。

そんで、ようやく45日間が過ぎた。五重塔通りの方々ともすごく親しくなった。財産だなあ。話は飛ぶけど、平成15年（2003）の夏にチンドン博覧会で浅草に行ったときも、五重塔通りの方々がボクを覚えていてくださったのだから。

そんなこんなで平成10年（1998）も冬が近づいてきた。ボク27歳。平成11年はもう目の前だ。

太鼓名人の音色にゾッコン

平成11年（1999）、その年もめでたやの祝い餅つきの仕事でスタートを切る。三が日はバタバタするのだけれど、大した事件も起きずに比較的穏やかに終えた。ホッ。

さて、チンドン仲間の足立くんにぜひと誘われ、喜楽家扇太郎親方ご夫妻の現場を見学させてもらうことになった。喜楽家さんは富山の大会で見かけたくらいで、面識はなかった。

見学当日はあいにくの雨模様で、現場が分かりにくいパチンコ店だったのでウロウロ。で、ようやく発見したときはちょうど店前で演奏の最中だった。これがまた驚き。見ているだけでノセられたよ～～。カッチョいい～っす。

雨で多少湿った音だったけど、抜群のタイミングで入る太鼓の音がいい。おかみさんのゴロス太鼓とのコンビネーションはピカイチで、いつまで聴いていても飽きない。この音色にボクは一瞬で虜になった。またひとり太鼓の名人見つけた～～。

ボク達の披露宴でのはしゃぎぶり

平成11年の2月がやってきた。NTTドコモのｉモードサービスがはじまった月だ。ボクと桂さんは入籍したものの、まだ披露宴を挙げていなかった。それでボクの仕事のオフシーズン（2月）に合わせて、おこなう計画を立てた。会場は長崎のセンチュリーホテル。なんせボクたちはホテルで打ち合わせができないので、互いの家族が段取りをつけてくれた。ボクの父親が張り切って仕切ってくれたようだ。

ボクたちにできることは招待客と配席を決めること。これにはかなり気を使った。とにかく貯金で支払い可能な範囲でしか招待できない。それでもあの人この人と考えていると、つい人数も膨らむ。東京からは菊乃家ご夫妻、堀田くん、柿沼さんを招待した。でもって主賓の挨拶は菊乃家親方と長崎のダンスの恩師加藤先生にお願いした。披露宴当日、加藤先生の茶髪、ロン毛、グラサン姿に、桂さんの漁師の父がぶったまげていた姿が印象的だったなあ。

披露宴当日。会場に並んで入場する際、ふたりで何かワクワクしたことを鮮明に思い出す。司会は桂さんの知り合いの島崎慈子さんにお願いした。いやあ名司会！ 挨拶に立った菊乃家親方も、江戸弁バリバリで、

「～～ところがどっこい、～～するって～と」

招待客が微笑ましく聞いてくれているのがよく分かった。

これまでお世話になったさまざまな立場の方々が、会場に一堂に会するのを見ていると、ボクは何だかとっても嬉しかった。宴は進み、余興のラストで菊乃家チームのチンドン演奏。途中でボクらも入って楽しく盛り上げた。……つもり。だが後日談で、ボクのプロであるまじきはしゃぎっぷりに心配された出席者の方々も多かったとか……。最後の新郎挨拶では泣きながらしゃべり、しどろもどろになったが、年上の新婦が取って

代わってバッチリ決めた。やっぱりウチはかかあ天下？　ガチョ〜ン。

披露宴翌日から3日間は、親方ご一行に長崎を案内する。海、山、食など、都会では味わえない長崎の魅力をたくさん伝えたいとボクは思った。

母も気合いを入れて料理を作りまくり、全員もうダメというくらい食べさせられた。これは母の悪い癖。親方は満腹状態で早めに寝床に入る。が、「親方さーん、ぜんざいもありますよ〜」と母の声。

それでも家族みなで、全力でおもてなしさせていただいた。お母さんおいしかったよ。ありがとう。

さて、せっかく親方が長崎にいらっしゃるからということで、ボクは2年連続で恵みの丘長崎原爆ホームという施設の慰問に行くことにした。施設のお年寄りは、自分たちより年長でしかも現役の親方の存在がとても励みになったみたい。よかった。

カステラを手土産に持たせて、ひとまず親方ご一行とお別れ。また東京でお世話になります。

ご懐妊

自分たちの披露宴は無事にすみ、また東京暮らしがはじまった。

すると、2月末にNHK長崎放送局から連絡が入り、先日慰問した恵みの丘長崎原爆ホームのチンドンの様子がビデオレターで放送されるとのこと。そんで電話での出演依頼がきた。へ〜〜誰が送ったのかなあ。もちろんOKですよ。

放送と電話取材は3月4日の予定となった。その日は自由が丘でかつら販売の仕事だ。朝、スーパーラッシュのなか出勤していると、携帯が鳴った。NHKからの電話だとばかり思っていたが、意外にも桂さんからだった。

「ちょっと、……もしかして、……できたかも」

なぬ〜〜〜。そりゃ大変なこっちゃ。NHKどころの騒ぎじゃないわい。桂さん本人がいちばんびっくりしている様子。もちろんボクも。何といってもまだイメージが湧かない。それにボクはチンドン屋とはいえ、稼ぎはフリーターといっしょっすよ。どどどうする？　どうなる？　しばらく満員電車の中でドキがムネムネしていた。

第45回チンドンコンクールは気合いが入った

桂さんの出産予定日は、11月12日ということだった。まだまだ先だし、桂さんの見た目も変わらないので、実感が湧かない。もちろん桂さんは仕事もつづけた。でも本人は大好きだったコーヒーを突然飲みたくなくなるなど、いろいろ変化があったみたい。

ボクは来るべき富山の第45回チンドンコンクールにむけて、堀田くんと親方とああでもないこうでもないと打ち合わせをつづけていた。あっ、親方はひとことも口をはさんでいない。黙ってお茶を飲んでいるだけ。

昨年準優勝した際には、親方の口上が半分以上を占めていた。脇のボクらはとくに活躍していない。今年は少し構成を変えたいと思ったけれど、やっぱり発想力ゼロ。衣裳とセリフをちょこっと変えて、構成は昨年とほぼ同じに。結局、今年も親方の口上頼みの内容になった。最後の最後に親方はチャンバラか何かやりたかった口ぶりだったけど、堀田くんとボクは聞かないふり……。すみません、修行不足で……。

ここで余談であるが、大会に向けて区民センターで練習をしたときのこと。帰り際に急な雨に見舞われた。傘もないし「どうしよう?」と話していると、親方は「あたしゃ、これがあるから大丈夫!」と言って、三度笠をかぶり雨具として普通に使って帰って行った。親方……平成です。江戸ではありません。でも、かっこよかです。あの日は一同びっくり笑いしたっけ。

第45回全国チンドンコンクールは気合いが入った。というより前年の入賞で気負っていたのかも。菊乃家のおかみさんが生まれて初めて親方の晴れ姿を見に来ることになったのだ。で、うちの桂さんもいっしょにくっついて来ることになった。昨年はいい賞をもらったのだけど、今年も「何とか親方の晴れ姿をおかみさんに見せてあげたい」と堀田くんと話していた。もちろん親方は賞がどうだこうだと気にする人ではないのだが。

ボクらはエントリーナンバー4番、早い出番だった。「菊乃家さんどうぞ～」の合図で勢いよくステージへ。ボクも堀田くんも練習のときよりも明らかに気取ったパフォーマンスで、いいとこ見せようとしていた（あとでビデオ見て爆笑）。まあとりあえず段取り通りにことは進み、親方のメイン口上へつないだ。そこから渋い声で親方の口上ははじまった……はじまるはずだったが、なんと珍しくステージ上で親方の口上が出てこなくなっちゃった。し～～～ん。

実際にはし～んとした時間は、それほど長くはなかったと思うが、ステージは明らかに不完全燃焼に終わった。終わってすぐに親方が「すみません」とボクらに謝った。

何をそんな親方！　ボクらのほうこそいつもおんぶに抱っこで、仕事に連れて行ってもらってるんだし、謝るなんてやめてくださいよ～。むしろ何のフォローもできなかったのはボクらのほうですから。ボクと堀田くんはさらに落ち込んだ。でもおかみさんの前でいいとこ見せたかったなあ。悔しかった。

うちの桂さんはといえばビデオ撮影担当で、まだかまだかと思いながらビデオを構えていたらしいが、肝心のボクらの出番の時にツワリの波が押し寄せて、席をはずしてしまい、撮影はできていなかった。まったくこっちもマヌケな話。

さてラストの結果発表と表彰式。菊乃家チームは、やっぱり入賞することなく終わった。おかみさんが去年きてたらなあ。いいとこ見せられたのに。そう残念に思っていると、最後の最後に個人賞の「伝統技能賞」に菊乃家〆丸親方が見事選ばれたのだ。発表と同時に会場と仲間うちから歓声と大きな拍手が沸き起こった。ボクはすぐに会場のおかみさんをさがした。受賞と同時に席を立つおかみさんの姿が見えた。いやあよかった。恥ずかしそうに照れながらステージに上がる親方を見てボクは涙が出た。堀田くんも泣いていた。

富山大会のあと、4月以降は餅つき、チンドン、カツラ販売の仕事が順調に入ってきた。

こんな収入じゃ結婚できないと思っていたら、どうにかなったし、これまでの収入じゃ子どもなんか育てられないと思っていると、仕事が入りだす。こんな感じで、人生は案外どうにかやっていけるのかと楽観的になることもあるけど、植木等の歌みたいに「♪そのうちなんとかなるだろう〜」なんて思えない。

4月末、西内さんという先輩と演奏する機会があった。西内さんは業界みなが認める名サックスプレイヤー（今や日本レゲエ界、チンドン界のサックス奏者の第一人者）。ピンクレディ、村田英雄、アニメソング、おニャン子クラブ、炭坑節、ド演歌、歌謡曲など、何でもござれの広いレパートリーが飛び出す。その日の仕事は朝早くから夜までのパチンコ店の宣伝だったけど、ウキウキしちゃって、時間の経つのも忘れたよ〜。

それは突然の訃報だった。滝乃家あやめ親方がこの世を去った。70歳。たしか菊乃家の親方、堀田くん、内藤さんといっしょにいたときに知らせが入ったと思う。

個人的には3回くらいしかお会いしてなかったけど、お線香を上げに行った。そういえば一月前の同じ現場だったときに、「階段がきつい」としきりにおっしゃってたっけ。縁のある若手はみな泣いていた。奥さんの幸子姐さんは本当につらそうだった。名チンドン打ちがひとりいなくなった。チンドンのすばらしさは、ボク達がきちんと受け継いで、つぎの世代にバトンタッチしなきゃいけないのだ。

選抜チンドン大会で「勉強になりました」

愛知県の萩原町商店街で、毎年選抜チンドン大会が開催されている。富山大会よりも小規模だが、平成11年で33回目の大会となる。この年、ボクは姉弟子の啓子さんと組んで出場することになった。思えば福岡の川太郎一座ではじめて出たのもこの大会だったのだ。

で、大会そのものの印象よりも、そのときみどりやの親方にいわれたことをいまでも忘れずに覚えている。この親方は例の見世物小屋で粋がったボクの口上を聞いていたお方である。

その親方と大会の休憩中に話ができたのだ。

親方は「河内くん頑張ってるな～～」なんて軽く褒めておいて、「ただあんたの口上じゃダメだね。あんまり丁寧にしゃべりすぎだよ。もちょっと毒がないとおもしろくね～んだよ」とつづけた。なるほど～。そうか、そういえばめでたやの藤井社長もそんな感じでしゃべっているぞ。だからおもしろいのか。親方、勉強になりました。今後、自分なりに意識して頑張ります！

2人で最後の東京時間

平成11年（1999）6月といえば、ソニーが犬型ロボットＡＩＢＯを発売し、男女共同参画社会基本法が施行された月だ。

そんな平成11年の夏が近づいてきた。同時に桂さんのお腹も次第に大きくなりつつあった。桂さんのお腹を眺めつつ、心の中では「東京の夏はこれで最後かな」とぼんやり考えていた。ふたりで「やっぱり子どもは東京で育てるより、両親のいる自然豊かな長崎がいいなあ」なんていってもいた。

菊乃家のおかみさんは「早く都営住宅を申し込みな」とアドバイスしてくれたが、いずれにしても出産は長崎でと決めた。9月になったら桂さんだけ長崎に帰す。まあそれまでまだ時間があったし、チンドンだけじゃなく、もう少しふたりで都会を楽しもうと思った。

ボクはプロ野球観戦やライブに桂さんを連れ出した。ボクは阪神ファンで、彼女は巨人ファン。神宮球場には立てつづけに2回も行ったっけな。桂さんは仕事もつづけていた。

8月いっぱいまで働いて、長崎に帰ることにしていた。

それにしても夏の隅田川の花火大会の人混みはもうこりごり。70万人の人出だそうだ。生まれて初めてビルの隙間から遠くに上がる小さな花火を見た。これが東京なのだ。やっぱり花火は近くで一発一発を心臓で感じながら見たほうが迫力あるな。

東京のお盆はこうして過ぎていった。長崎は精霊流しがさぞや風流だろうな。でもそんなこんなの積み重ねがあの事件を招いた？　のかもしれない。

桂さんの身に何が？

「大変どうしよ〜」

早朝4時頃、突然桂さんがボクを揺り起こした。

「どうしたの？」

「お腹が痛い〜」

なぬ？　どうやら出血しているらしい。こりゃお腹の赤ちゃんが大変なことになっているに違いない。すぐにかかりつけの病院へ電話した。ところが、

「当院は急患は受け付けておりません」

こんな大事なときに急患は受け付けていないだと？　もう絶対に行くもんか、あんなとこ。それからいくつもの病院に電話した。ようやくひとつの病院とつながった。嫁さんが症状をつらそうに説明する。すると「先生は7時に来るので、あと少し待って来てください」とのこと。桂さんは「大丈夫、待てる」といったが……。

今考えればすぐに救急車を呼ぶべきだったと思うが、そのときはなぜか待つことにした。が、あちゃ〜しまった。そういえば今日は滝乃家一二三親方に呼ばれていた。仕事に穴を開けるわけにはいかない。どど、どど、どうしよう〜〜。

とにかく1時間がまんして待たなければいけない。桂さんの痛みは周期的にやって来るらしい。ボクはといえば、とりあえずチンドンの支度に取りかかる。ものの20分でちょんまげスタイル完了。桂さんの痛みは音楽で紛らわそうとしてもダメ。もうこうなりゃフライングだけどタクシー呼ぼう。タクシーはすぐに来た。片手で桂さんの手を握り、もう片手は唐草文用柄の袋に入れたチンドン太鼓を持ち、泥棒みたいなスタイルで家を出る。

「大至急○○病院へお願いします」

タクシーの運転手は驚いたろうなあ。まさか妊婦の病人とチンドン屋を朝っぱらから乗せるなんて。〇〇病院では何とか早めの診察をしてくれた。ところが「これはすぐに墨東病院へ行きなさい」と指示される。またまたタクシー乗車。痛がる桂さん。

向かった先の墨東病院は都立の大きな病院だった。到着後、ボクはチンドンの支度のことも忘れて、「すみません、産婦人科へはどう行けば……」といいながら受付に走り込む。すると受付の女性が「あら～～懐かしいわね。今日は慰問ですか?」のんびり笑顔を向けた。

い・も・ん? 「違います、違います、急患です! 診て下さい! 家内が大変なんです!」と叫ぶボク。うずくまる桂さんを見た受付の女性はあわてて「2階へ!」と指示。何とか診療室に入ることができた。

一二三親方のおかみさんに電話で事情を説明したが、それでも現場に来て欲しいとのこと。桂さんの病状を確認してから、ボクは再びタクシーをぶっ飛ばす。

ぎりぎりセーフ。仕事には間に合った。しかし、こりゃ大変なことになったぞ。

ようやくその日の仕事を終えたボクは、夜また病院へ駆けつけた。桂さんは絶対安静らしい。この墨東病院は産婦人科に限り、初診からの患者以外は一般病棟に入れてもらえないという。もしかしたら、すぐに病院を変わらなければならないかも。そんなの嫌だなあ。予定日より2ヵ月半も早いため、それまでは薬で延ばしていくんだって。こりゃお金もかかるぞ。この際そんなこといってられないんだけど。まあ赤ちゃんもいまのところ無事みたい。ひとまず安堵か。

第七章　チンドン日本一！

緊急事態、手術は始まった

入院騒ぎから2日目だった。ボクは夕方病院に行くつもりで、昼間は町田でかつら販売の仕事をしていた。すると昼前だったか、病院から電話が入った。嫌な予感……。用件は「すぐに病院に来てください！」とのこと。「わわわ、分かりました！」とボク。嫌な予感的中？　どうした？　とにかく急げ！　空は曇り空でどんよりしている。錦糸町駅に降りて、ボクは一目散にスーパーダッシュ。

汗だくで病院に到着すると、これから桂さんの帝王切開をするという説明があった。緊急でボクのサインが必要だったのだ。もう産むしかどうしようもない状態になっていたらしい。担当の先生によると、「母子ともに正常の確率は100％ではない。もし生まれても障害があるかもしれない」ということ。

いいよ、生きてさえいれば！　手術は始まったがジッとしていられなかった。不安は募るばかり。ボクのくせで悪いほうに悪いほうに考えてしまっていた。

そんなとき、親方とおかみさんが駆けつけてくれた。

長男誕生！　と全国初？　のカンガルーケア

「大丈夫だよ」とボクを励ましてくれるおかみさん。無言の親方。「どうしよう」と半泣きのボク。桂さんも胎児もどっちも死んじゃうと大変なことだ……。頭はもう完全にパニック状態だった。

しかし、数分後に朗報が届いた。超未熟児ながら元気な男の子が生まれたのだった。その知らせを聞いて、親方はホッとしたようで、そのまま帰って行った。ボクとおかみさんは赤ん坊との初対面を待つことに。桂さんは手術中に気絶してたみたいだけど、とりあえず無事だった。助かった〜〜。

待合室で、ボクはおかみさんに向かって話を切り出した。

「おかみさん……、ボクたちはもう長崎に帰ろうと思ってるんです」

すると、おかみさんはニッコリとうなずいてくれた。

桂さんは一週間くらいで無事退院した。ただし、子どもは2ヵ月半の保育器暮らし。ボクらの墨東病院通いがはじまった。とにかく子どもは小さいのなんの。ボクの親指が子どもの手の平サイズだ。

まずは名前をつけなければいけない。何にしようかな。あれこれ悩んで何日も考えて、ある日近所の布団屋の前でハッとひらめいた。そうだ「S（イニシャル）」にしよう！　こりゃいい名だぞ。ボクは大好きなSという字を入れたかったのだ。それで誰に相談することもなく、ボクはその名を役所に届けた。さてさて、この子と親子3人でいっしょに暮らせる日がやって来るのだろうか？　ボクにはこの先のことがとても長く感じられた。

親バカとしては息子が日々すくすく育つことを期待するが、実際は本当に少しずつしか大きくならない。でもやっと普通の未熟児くらいの大きさになったある日のこと。「カンガルーケア」というものを桂さんが受けることになった。

カンガルーケアとは、保育器の子どもを母親が胸に抱いて、スキンシップを図るという試みのことだ。全国的にみてもこのケアを実践している病院はまれだということだった。

で、桂さんがそのケアに行く日、ボクの仕事が休みだったのでいっしょについて行くことにした。

「ねえ、おれもカンガルーケア受けられるかなあ？」

「いいんじゃない？　聞いてみれば？」

なんてふたりで軽く話しながら。

ワンルームマンションにレンタルベッドが入って、まともに布団も敷けなかった部屋。

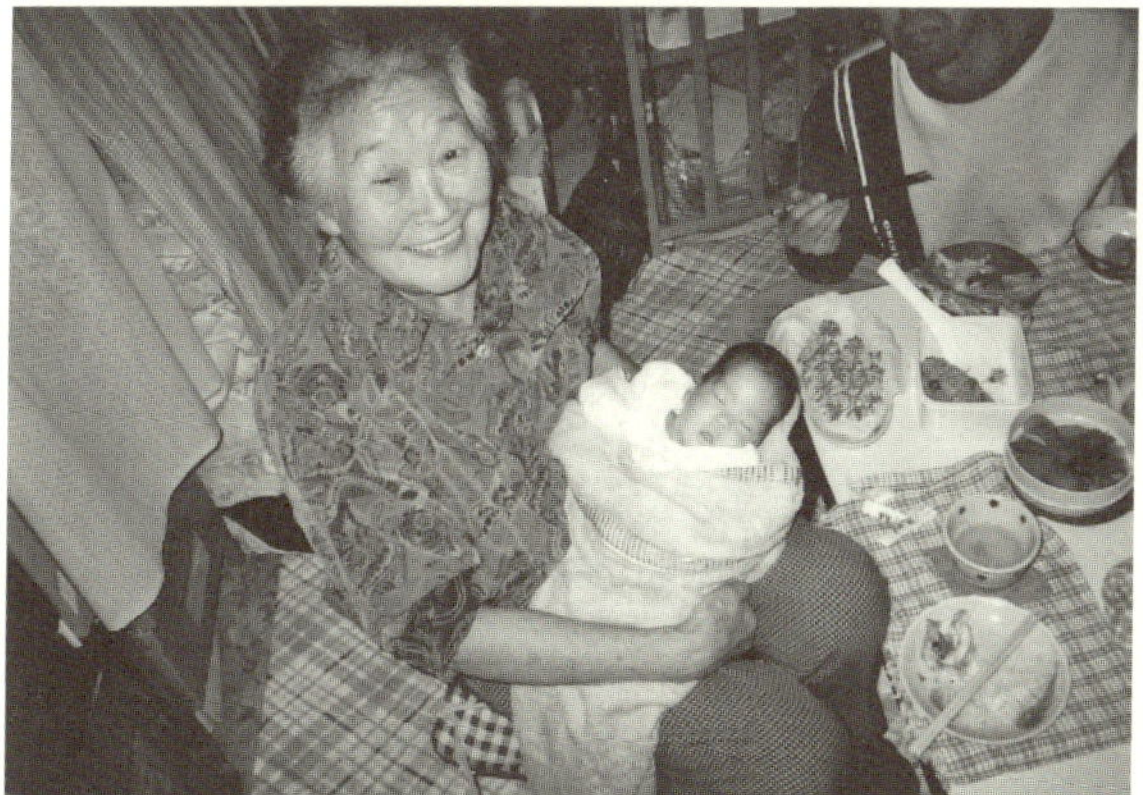

おかみさんに抱っこしてもらっている息子Ｓ。

それで看護師さんに尋ねてみると、

「えっ？　お父さんがカンガルーケアを希望されるんですか？　それは！　すごい！！！

みなさ〜ん、お父さんがカンガルーケアなさるそうですよ〜〜」

なんて、えらい驚かれた。あの〜、それって、そんなにすごいことなんですか〜？

仕事の休みに何気なくついて行った病院で、何気なく希望してみたカンガルーケア。自分の肌に抱くS……。ところがこの父親によるカンガルーケアはどうやら病院初だったらしく、もしかしたら全国初？　かもしれないと関係者は騒然。興奮している。ちょっとそれは大げさだよ。で、何枚も写真撮られて、感想を聞かれた。何でも今後の参考資料にするんだって。

それから約1年後に届いた病院資料に、本当にボクの写真が掲載されていて、「河内さん以来、お父さんのカンガルーケアが増えました。ご協力ありがとうございました」だって。いえいえそれほどでもって感じ。

さてさて、そうこうしているうちに季節は秋になった。

妻と息子、長崎帰郷へ

江崎グリコが11月11日を「プリッツ」&「ポッキー」の日と決める10日前。つまり平成11年11月1日、待ちに待った息子Sの退院の日となった。体重も2700グラムくらいまで増えた。2ヵ月半は長かったなあ。これで墨東病院ともひとまずお別れだ。ただし、困ったことにわが家は6畳、収納なしの状態だ。おまけに契約ではひとりしか住めないことになっている。

これまで無理矢理ふたりで住んでいたが、さらにベビーベッドをレンタルしたらどうなるんだろう? まあ悩んでも仕方ないから、小さなベッドをレンタルした。組み立ててみると、狭い部屋にきちきち。ほんと狭〜〜い我が家。Sは夜泣きもするする。もし隣人から大家さんに通報が入ったらどうしよう……。

それで家族の将来について桂さんと話し合った。結論は親子3人長崎に帰ることに決め、桂さんとSを先に長崎に帰すことにしたのだ。やっぱり都会での子育ては自信がない。これから生まれ故郷の長崎で親子3人暮らすのだ。

親方のご家族や友人、堀田くんらに別れを告げ、桂さんは2年間の東京暮らしにピリオドを打った。ボクにも桂さんにとっても、東京は最後まで肌に合わない街だったのかもしれない。ボクらはやっぱり田舎者で、田舎でしか住めない人間なのだ。
11月24日、小さなSをゆりかごに寝かせて、桂さんは長崎行の飛行機に乗った。S、お父さんとはしばらくお別れだよ。まだお父さんは帰るわけにはいかないのだ。半年先の第46回チンドンコンクールまではね。よっしゃ〜〜。半年間、とにかく時間の許す限り都会で単身修行だあ!

半年間の再修行

半年間のひとり暮らしがはじまった。平成11年も年の暮れを迎えていた。師走はチンドンの仕事が多かった。喜楽家さん、みどりやさん、花島さんの出方仕事もあり、とても勉強になった。

このころ、菊乃家親方のチンドン太鼓が壊れかけていた。思いっきり枠が割れてたりするのに、親方は全然気にしていない様子。見かねてボクは新しい太鼓の枠を作ってプレゼントすることに決めた。

ただ、そんな作業が大の苦手なボク。ホームセンターに通って材料を揃え、何度もやり直して、無駄を承知で出しながらも太鼓の枠作りに挑んだ。親方の高齢を考えて、ちょっとでも軽い木材を使って作業をした。そんで2週間くらいで完成！「親方どうぞ！」と手渡すときには得意顔のボク。親方は「どうもありがとう」と微笑んだ。が、哀れこの太鼓、それから1年以内にぶっ壊れたらしい。トホホ。……泣。

同じころ、ボクが尊敬する親方のなかに、小鶴家さんというチンドンの親方がいた。この親方との印象深いお仕事は、平成11年（1999）クリスマスのこと。親方はおもしろい人で、笑いの帝王だった。ぱっと見は泣く子も黙る怖い顔をしているので、そのギャップでなおさら発するギャグが冴えていた。で、チンドン太鼓も上手い！　太鼓や鉦のひとつひとつの音色に対するこだわりが強い親方だったのだ。

当日はクリスマスなので、ボクもそれらしい格好で現場に行った。すると、ボクのほかは全員ピエロ姿だった。親方のピエロ姿はかなりやばい格好。極悪サンタピエロみたいな……。ほのぼの感ゼロ。ありゃ〜、いってくれたらボクもピエロの衣裳で合わせたのに。そう思いながら控え室に行くと、ボクの分のピエロの衣裳もちゃんと置いてあった。何か恥ずかしいピエロ姿。

仕事はパチンコ店の新装開店の宣伝だ。さっそく5人のピエロは街に繰り出した。「メリークリスマス！」と親方が叫ぶ。すると、一人の客が店に入って行った。まあスタートはいい感じ。この日の5人の異様なピエロが街を歩く姿を、もし可能ならばいま見てみたいボクである。

東京でお世話になった人々

21世紀の幕開け、2000年（平成12）の正月はめでたやの仕事ではじまった。世の中はコンピュータの2000年問題で揺れていたが、さして大きな問題は発生しなかった。そんな年の正月、ボクは3日間リーダーとして現場を任された。レンタカーを借りて首都高速に乗る。慣れない道路の運転は余裕がない。それでもこのリーダーの仕事は勉強になるのだ。長崎に戻れば、すべての現場を自分で仕切っていかなくちゃならない。それもあと4ヵ月後のことなのだから。その年は何とか現場ひとつひとつを盛り上げることができたかな?

ただ、元旦の朝は寝坊して予定時間より1時間も遅れて出発し、大慌てで、横浜のホテルへ向かった。が、現場に到着してみると予定時間よりも1時間早く着いていた。それだけめでたやでは時間の見積りを前倒しにしていた。多少遅れても大丈夫なようにスケジュールは組まれていたのだ。結果的に、大きなハプニングはなかったのでホッとした。

さて正月が過ぎて、ボクはめでたやの藤井社長に長崎に帰ることをまだ伝えきれずにいた。

その日の餅つきは藤井社長と同じ現場だった。終わってから食事をごちそうになった帰り、車に同乗させてもらったときのこと。

「藤井さん、実は春に長崎に帰ろうと思います。妻と子どもと長崎で暮らすつもりです。いろいろ勉強させていただきましたが……」

しばし沈黙、

「で、どうするんだ仕事？」

「はい、チンドン屋を長崎でやろうと考えています」

「餅つきもやれよ。お前餅つきやりたいんじゃねーのか？」

「えっ？　やってもいいんですか？」

この時の藤井社長の言葉がめちゃくちゃ嬉しかった。

思えばめでたやに初めて面接に行った日から、長崎で餅つきをやりたいと思っていた。ただ、自分から社長にはいい出せなかったのだ。たかだか3年半くらいの経験で独立したいなんて図々しくっていえたもんじゃない。

ただし条件がついた。

「機材一式持って行っていいぞ。衣裳もだ。ただし、『めでたや』でやれ。それが条件だ！」

その社長の提案に、ボクは涙が出るくらい嬉しかった。機材一式買うと何十万もかかる。のどから手が出るほど欲しかった。でも……、ボクは即答はせずお礼をいうにとどめた。

瀧廼家五朗八親方から仕事で声をかけてもらったのは、平成11年秋だった。それからちょくちょく声をかけてもらい、平成12年も1月から何度か声をかけていただいた。当時の五朗八親方は病気で、なかなか元気にチンドン太鼓を打てない状況だった。でも親方の姿をビデオで見ていると、泣けるほどチンドンが上手いし、踊りも抜群で着物姿もすごく似合う人なのだ。現場の帰りに2度ほど近くのもんじゃ焼きに連れて行ってもらったなあ。もう食えない、助けてくれ～って叫びたいほど注文してくれたっけ。ありがたかった。

江戸家小春姐さんにも可愛がってもらった。最寄り駅（JR新小岩駅）が同じで、よくご一緒した。何度かホームで「あっ遠くにすごく派手な人……」と思えば、やっぱり小春姐さんで、「お姐さん、おはよ～ございま～す」なんてこともあったっけ。

小春姐さんは人一倍宣伝意識の高いお方。雨の日でも雪の日でも大きな声で「〇〇商店街でございま〜〜す」と口上を切る姿がいまも目に焼きついている。ボクが長崎に帰ってからも姐さんはずっと気にかけてくださって、衣裳や帯、それに帯の結び方の手引書などを送ってくださっている。

服部つゆさんという大ベテランの楽士さんがいた。若いころからサックスを吹き、その道50年というキャリア。演奏はもちろん楽器の手入れも怠りない先輩の鑑だ。50年に一度しか買い替えない!? とおっしゃっていたアルトサックスはいつも新品のように光を放っていた。

その服部さんにある日こういわれた。

「あなたはどこでクラリネットを習ったんですか?」

「……ハイ、最初は少し教わりましたが、いまは独学でやっています」

「金をかけずに、金を取る!!」

「ヒェー、何もいえません。すみません!」

正直この時は褒められるのかと思っていたら、まさかの一喝。いまでも忘れません。厳しきも優しい大ベテランの演奏テープは、以後、すり切れるほど聴いています。

この3年半で、いろんな親方や先輩たちといっしょに現場を踏ませてもらった。それぞれ個性的で特徴があり、おもしろいチンドンマンばかり。

東京生活もあとわずかだ。

「深代さん、実は春に長崎に戻ろうと思います」

深代さんとはかつら販売の仕事の女性社長さんだ。

「河内くん、長崎でチンドンだけでは無理よ。かつら売りなさい。私が卸してあげるわ」

ありがたいお話だったけど、二兎は追えないから……。それでも会うたびに10回くらいは勧められ、その都度「すみません」とボクは答えた。

かつら販売で売上に追われた日々は、プレッシャーだったけど、宣伝マンであるチンドン屋にとっては、とても大切なものを学んだ気がする。販売者によって売上に差が出るのと同じように、あのチンドン屋に宣伝依頼したら「やっぱり効果あるなあ」といわれたいし、いわせたい。この仕事を通して、チンドンを宣伝と販売のどちらにも効果のある仕事に発展させたいと考えるようになったのだ。

深代さんとは2年半のお付き合いの間で、いつも東京暮らしを支えてもらったことに感謝！

「まだきちんと話してなかったな。で、どうする？」

ある日の夜の車中、めでたやの藤井社長に例の件について訊かれた。

「よく考えましたが、めでたやではなく自分の屋号でやっていこうと思います」

その道の創設者でその道30年のプロに対して、たかだか3年半の経験しかない若僧が独立したいというのは、まったくもって図々しい話だ。でも菊乃家では餅つきはできないし、めでたやではチンドンはできない。だから自分で屋号を考えなければと思った。

カラオケ大好きなお二人。お二人ともご両親もチンドン屋さんというサラブレッド。チンドン太鼓とゴロス太鼓の転がるようなリズムは素晴らしい。

太鼓のテクニック、鉦の強弱が押しては返す波のよう。憧れのチンドンマン。たくさんのベテランのチンドンに影響を受けていった。

それだけ両方ともボクにとっては大切な芸だった。

「よし分かった。じゃあ頑張れ。ただし、機材は自分で買い取るんだ。あとな、道具はこの先もきちんとしたものを使え！どんなに金がなくてもだ」

「はい分かりました。失礼なことをいってすみませんでした」

それから車の中で藤井社長の創業時の苦労話をたくさん聞いた。ボクはそもそも苦労話とか大好き人間。すぐに感銘を受けるたちだ。いちばん心に残っているのは「成功するやつは、現状をすべて成功への修行に変えられるやつだ」という言葉。ボクの大切な金言となっている。

そして社長は格安中の格安でボクに機材を一式譲ってくださった。


チンドン日本一に！


日に日に迫ってくる東京とのお別れの日。そして近づく菊乃家としての最後の仕事である第46回全日本チンドンコンクール。もちろん親方、堀田くん、ボクの3人組で出場する。でも前回大会は惨敗だったからなあ。今年こそはと思っていた。そこで、堀田くんの家で作戦を練ることに。

親方は相変わらずボクら任せ。何も案は出してくれないけど、あれがやりたいね～、やれるはずだよね～みたいなことは遠回しにはいってくる。だが堀田くんがそういう方向にならないように強引に持っていく。

大阪の東西屋さんとか福岡のアダチ宣伝社とか、おもしろいアイデア引っさげてやって来るんだろうなあ。いいなあ、発想力が豊かなところって。でもそううらやましがるだけで、結局ボクと堀田くんが考えた内容は、3年連続で親方の口上中心のもの。ボクらはちょこっとしゃべって脇に座ってるだけ、最後にまたちょこっと演奏。仕掛けの宣伝が親方のチンドン太鼓から出るという構成。前回とは衣裳が違うだけ。83歳の親方と20代の若手2人、またテンパるんだろうなあ。ステージでMCさんに話しかけられたりしたら最悪だなあ。堀田くんと情けなく笑ったあと、大きなため息をついた。

富山の春はチンドンマンがその到来を告げる。

晴天に恵まれる中で、第46回全日本チンドンコンクールは開催された。ベテラン、若手、総勢100名くらいの参加だ。今年から優勝旗とかあるんだって。だんだんチンドン甲子園みたいになってきたなあ。

初日は各地区ごとに出演する演芸大会がある。毎年これがかなりプレッシャーになっていた。九州組と大阪組はベテランが少なく若手中心。林社長や足達社長がそれぞれまとまったステージで、おもしろおかしく観客を沸かす。対する東京組は子弟関係チームに一匹狼軍団、スタイルの違いも顕著でなかなかまとまらない。人数も一番多いし。若手（といっても平均年齢35歳くらい）のやりたいこと、親方衆のやること、それぞれバラバラな状態のまま本番を迎える。

でも今年に関しては、若手が内容をきちんと10分にまとめて練習してきた（3回くらいだけど……）。そんで、練習した通りにはやってみたけど、途中親方衆の予測のつかないパフォーマンス？　が入ったので、こちらはオタオタテンパった。ボクもダンスに挑戦したけど、いま振り返ってみればこっぱずかしかったずら〜。

当時は若手がそろそろ自分たちの時代を意識しはじめ、ベテランはベテランでまだお前ら若手に務まるか！　みたいな思惑が交錯するなかで、お互いにギクシャクした関係の時期だったように思う。

コンクール当日。菊乃家チームは27番目の登場だ。どのチームも工夫した演技がつづく。とくにおもしろかったのは小鶴家チームかなあ。思いっきり時間オーバーしているのに気にしない口上と、その気持ちのでかさというか細かく考えすぎないとことか、小鶴家さんのステージは大好きだ。

だんだんボクらの出番が近づいてきたよ、堀田くん。うちの親方の顔にも少しずつ緊張感が見えてきた。昨年の口上がすっとんじゃったこと思い出してるのかなあ。いずれにせよ、親方の口上がすべてなのだ。これが菊乃家として最後の出演だから、悔いのないステージにしたいなあ。賞とかもらえたらやっぱり嬉しいなあ。そうこう考えてソワソワしているうちに、スタンバイの声がかかった。

本番ではどんなセリフでスタートしたか覚えていない。演奏もとくに光るものはなかったと思うけど、とにかく始まっちゃった。あとには引けないぜ。で、ボクらは親方の口上へうまいことバトンタッチできた。

「東西、とーざーい」

渋い声で口上の枕が始まる。

この声を初めて聞いたのは3年半前だったな。この迫力ある口上は、親方の優しい性格から考えて、いい意味で似つかわしくないと驚いたことを思い出す。そしてこの声に幾度となく励まされ、助けられた。時にはうまくシチュエーションが合わずに、菊乃家3人衆の失敗仕事もあったっけ。そんなときは堀田くんと生意気な感想をいい合ったことも。ボクらはまだ4、5年しかチンドンかじってなかった若僧だったのに……。でも当時の親方は70年間チンドンをつづけていたのだ。

そんなことをあれこれ思い出すと、ステージ上で涙が溢れそうになる。1分ちょっとの親方の口上をしっかりと聞いて胸に刻んだ。ところが、親方はラストの仕掛けを出し忘れた。だが、堀田くんはあわてずにうまいこと口上でフォローした。これもまあご愛嬌さ！　こうして最後のステージ終わっちゃった。

コンクールのとりは、東西屋さんの親方林社長のチーム。これが素晴らしかった。間にしても展開にしても、宣伝の仕方にしても迫力にしてもピカイチ。すげ〜。

コンクールが終わり、表彰式までの時間は全チームで富山市内をパレードした。これは気分もすっきりするが、ただ、かなりの距離を歩くので親方の体力が心配だった。ボクらでさえけっこうきついのに、83歳の親方はかなり疲労困ぱいするはず。ところが、心配どころか、親方はニコニコと笑顔で沿道の声援に応えて、ほがらかに力いっぱい太鼓を叩いた。素敵すぎた。そしてパレードは無事終了。

控えのテントで表彰式がはじまった。すると、親方は何か関係者に話しかけられている様子。親方がボクらを近くに呼び、ややこわばった声で、

「あたしから離……れな……いでください……」

もしかして入賞した？　ちょっと期待しつつ。気づいていて気づかぬふりをする堀田

親方・堀田くんと最後の仕事で、最優秀賞を獲得した。
菊乃家としては38年ぶりの優勝で、最高に驚き、最高に嬉しかった。

くんとボク。

そしてついに結果発表。「最優秀賞は……」長いドラムロールの後、一呼吸おいて、

「東京菊乃家さん！！」

「ややややったあ〜〜〜！！！！」

何と菊乃家は最優秀賞取っちゃったんだもの！！！　とてもとても言葉にならないくらい嬉しかった。菊乃家の親方は第8回大会以来38年ぶりの最優秀賞だ！チンドン日本一！　やりましたね親方！

「ねえ堀田くんどうだろう？　河内くんにトロフィーあげようと思うんだけど」

嬉しい親方の提案で、ボクはすごくでっかいトロフィーをもらうことになっ

た。今年から優勝旗なんかあって、それは菊乃家の親方邸に飾られることになった。ボクらは大きな荷物を抱えて、感動と感激のなか、富山をあとにした。

本当に最高のお土産をもらったなあ。富山の余韻はしばらく残っていたけど、3日後に長崎に帰ることにしていたので、帰りの新幹線のなかでは東京のチンドン仲間との別れの時間が近づいていた。本当にいろんな師匠、先輩にいい経験をさせてもらったなあ。そんなチンドン仲間に囲まれて和気あいあいの雰囲気の新幹線車中だった。

やがて東京駅に到着した。みなは普通に帰宅の途へ。だけど、ボクだけひとりつい感傷的になっている。すると近くに滝乃家一二三親方夫妻がいた。

「親方、さようなら。ありがとう……ございました」

「また会えっから、また会えっから！」

江戸弁でそう繰り返す親方。うるうる。ボク号泣。わーん、なんでこんなに別れが悲しいのかよ〜〜。

菊乃家親方と堀田くんとの別れ

菊乃家に最後の挨拶に行く日がやって来た。朝からいい天気だった。はじめて親方と会ってから約4年弱。ついにこの日が来たのだ。長崎の家族といっしょに暮らすこともあり、親方は笑顔で送り出してくださった。でも親方には心配する気持ちもあるようだった。こんなに親方を慕いチンドンを愛するボクに向かって、「チンドンじゃ仕事ないかもよ〜」なんておっしゃる。ずっこけるボク。チンドン一本でこれから長崎で生きていこうとするボクのことが、親方にはあまりに無謀に見えたのだろうか。

「いや何とか精一杯やるだけやってみますよ」

「うーむ、チンドンなんてなあ……」

思いっきり前向きというわけではなく、チンドンを淡々と続けている親方。片や、やる気に満ちている前のめり状態の若い弟子。このなんとも不思議な師弟関係。

そして親方からついにラストアドバイスが。

「もし、万が一、チンドンで食えない場合は……」

「はい、なな、なんでしょう?」

しばし黙考する親方の口から出た言葉は……。

「パチンコ屋に夫婦で住む込みしたらいい手間賃になるらしいよ」

親方のラストアドバイスに、またまたずっこけるボク。だから、親方から学んだことを長崎で活かすんですってば、もう！！　でも親方、おかみさん、ご家族のみなさん、本当にかわいがっていただきました。感謝です！

「気をつけてね」

そういう親方と玄関で固い握手。やっぱり笑顔ではお別れはできない。

1年目に風邪引いたとき、うどんの麺をゆがいてアパートまで持ってきてくれた親方。初めて自分の衣裳を買うとき、浅草までついてきてくれた親方。遊びに行くたびにお茶を15杯くらい出してくれた親方。Sが生まれたとき、すっ飛んで来てくれた親方。本当にありがとうございました。

ボクもメンバーとの出会いや別れを大切にする親方を目指して長崎で頑張ります。潤む瞳のなかに見慣れた下町の風景を刻み込み、ボクは親方の家をあとにしたのだった。

何度経験しても幾つになっても別れは寂しい。昨日は長崎へ荷物を送った。今朝は昨晩泊まった堀田邸から羽田空港へ向かう。

3年半前、涙で長崎をあとにしたのに。いまはあのときと同じ気持ちでこうして羽田空港にいる。チンドン仲間が数人見送りに来てくれた。もちろん堀田くんも。お互いに未熟ながらいろいろ経験したなあ。思い出の数は限りない。同じ年頃で同じ時期に同じような状況で、菊乃家に弟子入りした仲間だもんなあ（堀田くんもタウンページで探したという）。偶然というか縁というか。とにかく才能あふれる男だった。彼から別れ際に時計と手紙をもらった。短い文章だったが、……泣けた。

「じゃあね」と互いにいい合うと、ボクは涙が止まらなくなった。堀田くんはぎりぎりのところで我慢していたのか、いなかったのか……。さよなら東京。もう戻れない。ボクは羽田空港のゲートのなかに入って行った。

追記

この本を出版するに当たって、久しぶりに堀田くんに連絡をとった。そして彼から以下のメッセージが届いたので、章の末尾にご紹介したい。

よォ、兄弟！

僕達が二十代そこそこでちんどん菊乃家〆丸親方に弟子入りした頃、親方は八十歳でした。示し合わせたわけではないのにおかしな出会いでしたね。後から考えると〝あれは運命だったな〟と思えるけど、あの頃はそんな事気付きもしないで、ただただ忙しかっ

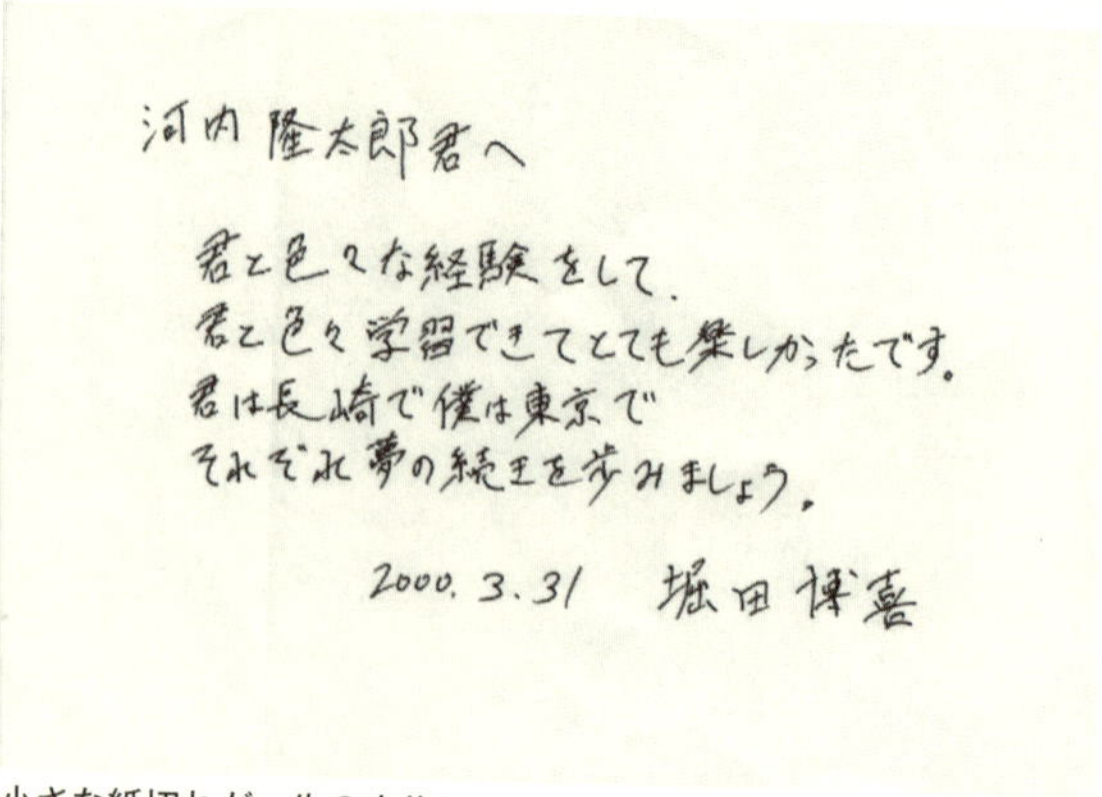
河内隆太郎君へ

君と色々な経験をして、
君と色々学習できてとても楽しかったです。
君は長崎で僕は東京で
それぞれ夢の続きを歩みましょう。

2000.3.31　堀田博喜

小さな紙切れが一生の宝物に。

たな。毎日が面白くって面白くって。

僕にとってピッタリと合ってたんだよ、あの質感が……。

あれから二十年くらいたつの？　随分昔だなあ。

でも僕の人生の基礎なんだよ、親方と河内くんと過ごしたあの三年間が。

親方ー。

亡くなる少し前にいただいた手紙に〝感謝感謝〟って書いてあったよね。お互いがお互いにどこで何をしていようが何年たとうが、僕達は兄弟なんだよ、

よォ、兄弟！　相変わらず面白い奴かい？

よォ、兄弟！　相変わらずいい音出してるかい？

堀田博喜

第八章　長崎独立編

長崎へ帰郷、「かわち家」誕生！

感傷に浸るボクを乗せた飛行機は、一路長崎へ。そして到着しました長崎空港。出迎えてくれたのは最愛の家族！　おおっ、S元気かい？　髪伸びたんでね〜の？

プロレスラー橋本真也が小川直也に負けて引退した3日後の平成12年（2000）4月13日。ボクはこうして再び長崎の住人となったのだ。そして、我が家兼事務所は長崎市内の鳴見町に決めた。ちょっと市街地から遠いけど、家賃も安い。

やっぱ長崎だよなあ。ついに帰って来たんだなあ。そんな10年も離れていたわけじゃないけど、故郷って嬉しいじゃないか。夫婦互いの実家もまあ近い。引越も数日で完了した。

そして独立の屋号は「かわち家」に決めた。いよいよ出発だ〜〜っ！　桂さんよ、Sよ、おれについて来るんだぜ。

「かわち家」については最初別の屋号も考えたんだけど、本名がチンドン屋みたいだからいろいろ考えるより「かわち家」でいいやということになった。万が一ボクがビッグになった場合に、「河内音頭」関係者からクレームが来ないように、そこはひらがなにしてみた。

忘れもしない4月13日の夜。思い立って「今日はかわち家の独立記念日にするけんね。いまおれ開業したばい！」と、少し興奮気味に桂さんに話した。すると彼女は「すれば」と短くひとこと。あちゃ〜〜。長崎にチンドン屋が誕生した歴史的出来事なのに、この事実を知ってる人って桂さんひとりじゃないか！

記念すべき「かわち家」初仕事は、平成12年4月16日だった。内容は結婚披露宴の余興の仕事。これは大瀬戸町で美容院を経営している岩崎岸代先生から依頼だった。岩崎先生には桂さんがむかしからお世話になっていた関係で、かわち家開業祝いの景気づけと新郎新婦へのお祝いということで注文を受けたのだった。ありがとうございます！

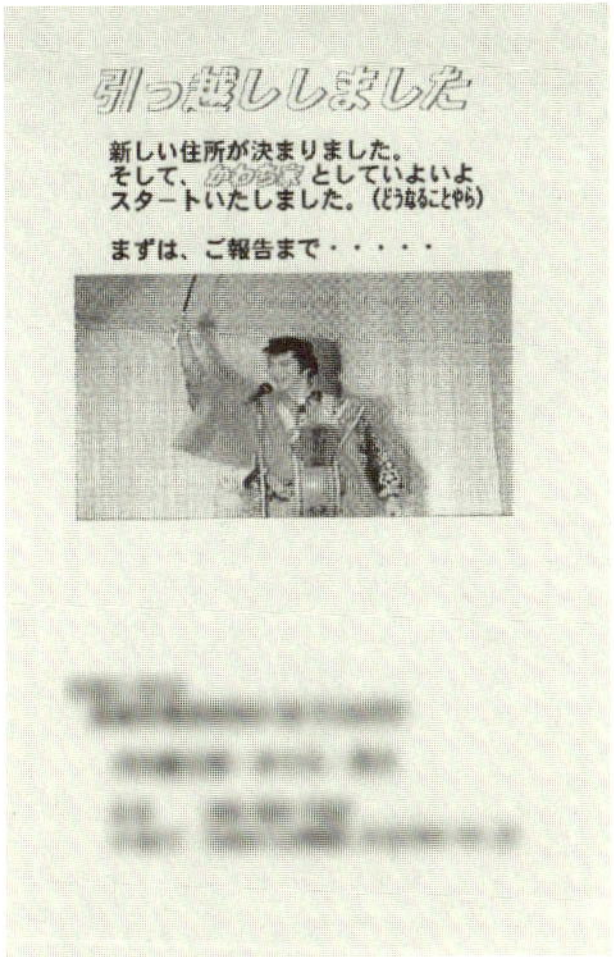

当時ワープロでつくったもの。かわち家としてのスタート。

ところが、長崎に戻って間もなくのことだったので、まずメンバーがいない。桂さんはまたもや無理矢理かり出されることに。結婚する時に「チンドン屋はさせない」なんて約束してたらしいんだけど、背に腹はかえられない。もうひとりのメンバーは、福岡のアダチ宣伝者からの出方（スタッフ貸し）で冨永裕子さんが来てくれた。冨永さんはアダチ宣伝社といっても当時島原半島在住者で、以降何度となくボクを助けてくれることになる。サックスの名手で彼女のキレのある音色は、ボクも大好きなのだ。これからよろしく〜〜。

さて初仕事の内容。う〜ん、いまひとつ盛り上がらなかったなあ。お客さんの反応もイマイチ。自分の仕切りでやっていくわけだけど、東京ではパチンコ店の宣伝ばっかりだったので、ステージでチンドンショーやることの難しさと不慣れさを感じた。

そのとき素直な感想をいってくれたのが、ビデオ撮影を頼んでおいた高校時代の友人中ちゃんだった。

中ちゃんは4年前くらいだったかな、上京前に突然連絡があり、「自分も芝居したくて関東に行くから会おう」なんていっていたやつ。だが、その後音沙汰はなかった。

もう会うこともないだろうと思っていた。それが半年前だったか、また突然電話があって、「今まで会社勤めしてたけど、ついに来春役者目指して上京するぞ！」とのこと。遅いよ、だってボクが長崎に帰るんだもん。ただ彼の実家が我が家のすぐ近所。

上京の準備のために、4月から半年長崎にいるんだって。こりゃいいや。半年だけかわち家手伝ってよ！

幸いつぎの仕事もすぐに来た。これも親戚関係で披露宴の余興の仕事。ここまではシナリオ通りというか、実は帰郷前から話があった仕事なのだ。

問題はここから。東京では「長崎でチンドン一生やるぞ〜！」なんて覚悟で帰って来たけど、やっぱり現実は厳しい。何やっていいか分からない。営業？　どうすればいいの？今まで仕事は親方やめでたやからもらってばかりで、自分で取ってきたことなんて一度もない。友人知人の披露宴も限りがあるし、だんだん焦りはじめてきたぞ。東京の余韻もさめた。このままだと暮らしていけないよ〜。悲しいけどこれが現実。

桂さんやSの前では、ぐっとこらえて微笑混じりで「大丈夫だよ」なんていいたいけど、ど〜しよう、ど〜したらいいの〜。オタオタし始めた。大黒柱としてのどっしり感ゼロ。28歳ももうすぐ終わる。このころは妙に世間が厳しいものに感じられた。

メンバー募集

「ねえ、メンバーどうやって集める？」と桂さんがいう。「劇団とか当たってみるよ」と答えるボク。

「でもさ、メンバー集まっても仕事ないし。仕事依頼来てからメンバー集める？」

真顔で話す桂さん。でも急に仕事来たらどうしよう？　ちょっとオタオタ。そんな心配しなくても、結局仕事は来なかったけどね。

とりあえず開業のお披露目とSの初節句を兼ねて、祝い餅つきを披露しようということになった。相方は中ちゃん。そして桂さんの妹で和美さん。空き地を利用して練習を始めた。

同じころ、長崎大学の演劇サークルに出向いた。

「すみません。こちらにパフォーマンスのアルバイトしてくる方とかいませんか？」

「……何のパフォーマンス、ですか？」

「実はチンドン屋とか餅つきのパフォーマンスなんですけど」

「はあ……」

学生さんにはいまいちチンドン屋がピンと来なかったような感じ。そりゃそうだよな。長崎にこれまで存在していなかったってことは、たぶん若い人は見たことも聞いたこともないわけで。第一、長崎では必要のない職業だったのだから。それでも何人か興味を持ってくれて面接することになった。やった、やったあ！

その時面接に来た学生は5人くらいだったかな。お茶飲みながら、いかにおもしろい仕事かってことをボクは懸命に伝えた。

「……というわけです。やる気があるならいつでも練習つきあうから連絡ください」

最後に君達のやる気が大事なんだ的なことを話して帰したっけ。

「ねえ、その後連絡あった？」と桂さんに尋ねるボク。すると、「ないよ」と即答される。

「おかしいなあ。５人ともやる気あるっていってたのになあ」

「隆ちゃん、バカ正直にあてにし過ぎよ」

そうかなあ。そんなはずはない。ちょっと電話してみるボク。

「あっ、〇〇くん、どうだい、その後？」

電話切って落ち込むボク。……断られた、ダメだった。ふん、学生なんていい加減なやつらだ、今度は怒るボク。

でもふと思い出す。自分が学生のころ、加藤先生のダンス公演で場内整理をしていたときのことを。ある人から、「いいわねえ学生は気楽そうで。責任なくて」と嫌みをいわれたのだった。あんとき頭に来たよなあ。大学生でもボクは責任もって頑張ってるぞ！とにかくかわち家をもうちょっと安心して人が集まるような集団にしないと、ずっとこのまま。まずはもっとちゃんと認知されることだ！

挨拶回り

そうだ、まずは挨拶に回ることも大切だ。というわけで、福岡まで足を延ばすことに。まずは北九州の川太郎一座へ。座長とは実に4年ぶりの再会だった。楽屋に入ると以前と変わっていた。稽古場兼楽屋、これまたすごいなあ。衣裳もダーと並んでいる。何着くらいあるんだろう。久しぶりにメンバーとお話しさせていただくと、何か楽しい時間だった。どうぞこれからもよろしくお願いします。そう素直にいえた。

つぎにアダチ宣伝社の足達社長に開業の挨拶だ。川太郎一座のころから顔見知りのお方。いまや九州チンドン界（狭いけど）のリーダー的存在だ。足達社長はボクを事務所に迎え入れてくださった。事務所かあ〜、すごいなあ。うちはただのアパートだもんなあ。キョロキョロ室内を見る。いつかこういう事務所を構えたいもんだ。

まだメンバーゼロ。この先の仕事の予定もゼロ。スタートから負けまくりのボク。なんか挨拶に来たけど、自分がみじめで不安になってきた。そこでふと頭に浮かんだのが「本物はどんな状況でも這い上がってやっていくんだろうな」ということ。東京の本物の元で修行してきたんだから、ボクだってやるぞ！！　短い時間の中で、気分が沈んだり浮いたり忙しい。

さあ、これから長崎でどうなることか。気合いとため息の入り混じった気持ちながら、改めて「よし！」と腹に力を入れた。

営業初体験

このころ、仕事のことを考えると本当に頭が痛かった。営業ってどんなことやるんだろう？　よく分かっていないなあ。とりあえずカタチから入ろうと「かわち家」のゴム印を作ってみた。なんか仕事っぽくなってきたぞ。電話には「はい、かわち家です」と出ようと決めた。これがなかなか恥ずかしいものなのだ。だけどだんだん会社っぽくなってきたなあおれたち、みたいな……。そうだ、まず営業用の資料とか作らないといけない。名刺とかもいるぞ。けっこう金がかかるなあ。きついなあ。

そんなふうに思っていたら、またまた友人の田上俊雄くんから連絡が入った。

「隆太郎、きょう来れる？」

田上くんの実家は名の知れた有名酒屋で、父親が社長で彼は専務。「広告代理店のT社の支社長を紹介するよ」とのこと。

「え〜、緊張する。でも行くばい！」

ボクは即答。でも困った。こんなことなら名刺早く作っておけばよかった。ボクはワープロと厚紙台紙で即席名刺を作成。一応めでたやで演じたビデオテープを持って行った。いっしょに見てくれるかな？

だが、本当にマヌケだった。営業用に持って行ったビデオテープの音声が出なかったのだ。みんな、な〜〜んだ、という感じ。やっぱり営業資料は必要だな。こんなこともあるんだから。

友人のお父上（社長）が、ボクと広告代理店の支社長を食事に連れて行ってくださることになった。こういう場合の立ち振る舞いにはぜんぜん慣れていない。緊張するボク。だが、支社長の振る舞いはすばらしかった。ボクまで接待されちゃった。ボクがガンガン動くべきなのに、タイミングが常に先手なのだ。この人すごい営業マンなんだと実感する。ボクはといえば酒の一滴も飲めないし……。情けなくなる。これまでは親方から仕事もらっていたけど、仕事を取るってこんなことから始めるのか？　正直、自信なくした。

祝い餅つき長崎デビュー！

長男Sの初節句の日。桂さんの実家のそばに会場を設け、「かわち家」のお披露目も兼ねて親戚一同を招いた。Sは超未熟児だったが、いまや元気に育っている。

資料も映像もなく、１回目は我が家の初節句でお披露目を兼ねて。

そして今回長崎で初めて祝い餅つきを披露することになっていた。メンバーは高校時代の友人で、半年後に上京して役者を目指す中ちゃん。中ちゃんとは近所の空き地で練習を繰り返した。餅を返すパフォーマンスは、義理の妹和美さんだ。しかし会場の天井は低い。餅つき芸では杵を宙に投げ上げるので、天井が低いとむずかしい。

いま振り返ってそのときのビデオ見ると恥ずかしいけど、途中ひっちゃかめっちゃかになりながらも何とか無事終了。会場は盛りあがった。でもあとで話を聞いてみると、盛り上がりはお手盛《てもり》で、親戚連は心配のほうが先に立ったようだ。これでプロ？

あいつあれで飯食うの？　大丈夫？？？　ボクらの祝い餅つきのデビュー戦は、周囲から見ればそんな感じに映ったようだ。しかし当時はお世辞を真に受けていたボク。相当な幸せもんである。いやあ、おめでたい。

厳しい友の言葉

その年のゴールデンウィークも終わり、仕事もなく、不安ばかりが募る日々。桂さんと話し合い、簡単な営業用資料を関係先に送ってみようということになった。自宅のワープロを使い、カラーコピーを駆使して、分かりやすく作ったつもり。面白そうと感じてもらえるかな。淡い期待といっしょに作った。そこでまず長崎新聞社の友人西くんに完成版を見てもらうことに。

しばらく見ていた西くんは、

「あのなあ、河内がいま大変というのは分かるけど、はっきり言って社会なめてるよ！」

と厳しいご指摘。

「ななな、なんで？　そんな……」

「悪いけどこんな資料じゃ紹介できない。それから名刺の受け取り方も勉強しろ。相手の気分を悪くさせることもあるんだぞ」

が〜〜〜ん。あんまりはっきり言うなよ〜！　怒。ボクらはまだスタートしたばかりなんだから。まずはここからだろ？　そう声立てて反論したかったけど、あまりの西くんの言葉に実際はかなり落ち込んだ。

しょんぼり家に帰ると、それでも妻とわが子がボクを信じて待っていた。くそっ。あいつはボクの気持ちが分かっていない。でかい会社にいるんだから……。犬の遠吠え、負け惜しみとは分かっていたのだが……。悔しい！！！

5月後半はいろいろ挨拶回りをした。ある人からマルクスインターナショナルというイベント会社の楠田社長という方を紹介してもらった。社長は当時ボクより二つ年上の31歳の若手経営者だった。22歳の時に起業して頑張っているお方だ。

「どうですか？　今の状況は？」

「いやあお恥ずかしい話、仕事なんて取ったことないし、まともに名刺すら刷り上がらない状態です」

すると、「それは楽しみですね！」と楠田社長。楽しみじゃないよ〜。不安だよ〜。

「そこから少しずつやっていくことが楽しいんですよ！」

楠田社長はまた笑顔。

この言葉でボクの中に何か一筋の光が差したような気がした。少し心が軽くなった。ボクも将来楠田社長みたいになりたい！　そう思った。

タウン誌で募集

そろそろ本気でメンバーを探さないと、いつまでもこのままだ。いつどこから仕事が舞い込んで来ないとも限らない。黙っていたって、こんな仕事募集は誰も気づかないだろしな。いちど学生に面接した上で逃げられたしなあ。

今回の募集は『ザ・ながさき』というタウン情報誌に求人を載せることにした。掲載料がただというのがいい。職種をチンドン屋と書けば、誰かおもしろがって寄って来るかもしれない。問い合わせ先に携帯電話番号を載せて、発売日を待つことにした。そして待望の発売日。携帯の着信音が鳴った。「はい、かわち家です！」ボクは即座に応えた……。

タウン誌の募集見てやって来たのは2人の若い女の子。ボクはバス停まで迎えに行った。バスから降りて来た彼女たちはすごくかわいくて、太陽の光の加減か、まるで天使のように輝いて見えた！

「どうぞ、どうぞ、こちらへ」

内心踊るような気持ちを抑えて、自宅に案内した。面接なんて不要さ。即決間違いなし！

「で、坂梨さんと林さんはどんな管楽器ができますか？」

「私はオーボエです」と坂梨さん。

「私はユーフォニウムです」と林さん。

ガ〜〜ン。なんでよりに寄ってチンドンであまり使わない楽器なの？

「ちなみにその楽器持ってるの？」

「えっ？　ここにないんですか？」と坂梨さん。

あるわけないだろ、そんな高価な楽器。それ買うなら安いクラリネット10本買えるわい！

というわけで、2人にはひとまず餅つきの練習をしてもらうことにした。

それから大学生の男の子から「バイト募集見ました」と電話がかかってきた。

「失礼します」と面接に来たのは、大学生の稲葉くん。長崎大学医学部の現役の学生さんだった。見るからにがっちりとした体格。聞いてみると柔道部所属とのこと。

こりゃいいぞ。すぐに彼の餅つき姿が思い浮かんだ。だがそのときの彼は知る由もない。

「うちチンドン屋を仕事にしてるんですが、餅つき芸もやってるんですよ。昨日も女の子が入ったばかりなんです」

「……餅つきですか?」

彼はピンときてない様子。

「時間ありますか?」

「はい4時くらいまでなら」

それではと、ボクは稲葉くんを実家に連れて行った。そこには餅つき機材一式が置いてある。

「これは臼で、これが杵ね」

「へ〜〜〜」

ボクはメンバーが集まったという喜びから、我慢できなくなり、その場で彼に餅つきの練習をさせてしまった。いまさらだけどあんときは悪かったな稲葉くん。だけど礼儀正しい彼を、ボクと桂さんはいっぺんで気に入った。問題は仕事がないということだけ。

どうやって彼を引き止めようか……。そんなこんなで稲葉くんとの付き合いがはじまったのだ。

転機

かわち家メンバーが3人入り、ときどき練習に呼んだ。でも3人ともお金稼ぎたくて入ったのに、まさに仕事ゼロとはなあ。

毎日仕事もなく過ごした。月末になると銀行へ取り崩しに行く。怖いなあ。いつまで暮らせるのかなあ。桂さんはついにヤクルトレディの仕事をはじめた。息子Sも1歳未満ながら保育園に入れた。Sは何も分からないまま保育園に残された。こちらも何だか泣ける。情けないはい話だけど。祖母からもらったお小遣いも生活費にあてても～たわい。

6月に入ったある日。知人の坂本さんから頼まれてアコースティックギターライブのバックでチンドンやることになった。しかしノーギャラ。まあ知らない人の前に立つのもいい宣伝になるかもと引き受けた。ちなみこの時のアーティストは岡野雄一さん。後に『ペコロスの母に会いにいく』で大ブレイクした漫画家でもある。

だが、このライブが思いもよらぬ方向へ動くことになるのだった……。

ライブの当日。いまにも小雨が降り出しそうな出島ワーフ（ベイサイドのフードパークみたいな場所）。イベント会場には屋根がないので、集まったミュージシャンは雨降ったらどうしようと心配顔だ。そんな心配をよそにやっぱり雨は降り出した。こりゃいかん。2階にある空き店舗に会場を変えることになり、ミュージシャンは全員移動。

ところが、2階から下を見ると突然の会場変更に集まった客がとまどっているではないか。それならいまこそおれの出番とばかりに、チンチンドンドン「おーい、会場は2階ですよ〜」と、どこからも見える場所から大声を張り上げた。そもそもチンドンは楽器である前に人を引きつけるための道具なのだ。もちろん効果はあった。ぞろぞろとお客が2階に移動し、無事にライブははじまった。が、ボクの演奏はたぶん浮いていたはずだ。ちょんまげつけてたし。私服にしときゃよかったなあ。

でも終わってから雑誌のインタビューを受けた。ボクが参加したユニットのギター弾きの岡野さんは、当時地元雑誌の編集長だったのだ。わ〜い！　喜んでインタビュー受けて、帰ろうとすると、もうひとりの男性から声かけられた。

「君何してる人？」

名物プロデューサーとの出会い

「テレビ長崎の山本です。こんにちは！」

へ～～、そのおじさんはテレビ局の方なんですね。

「実はボクは長与町出身で、チンドン屋を開業して、うんたらくんたら……」

と説明するボク。「頑張ってよ！　応援するから」と山本さんがいって、その場は別れた。

しかし、この方実は名プロデューサーであり、ディレクター。彼の作品は数々の全国的な賞を受賞しているらしい。とにかくテレビ長崎（以下ＫＴＮ）のお偉いさんらしかった。

それから彼は忘れかけたころにときどき電話をかけてきて、「調子どう？」なんて聞く。「いやあ、暇ですよ」と、生活苦をちらつかせる

“ペコロスの母に会いに行く”でお馴染みの岡野雄一さんのバックでチンドン太鼓を打たせてもらった。これがご縁でテレビ長崎のレギュラーに。

ボクだったのだ。

営業経験を積む

話はころっと変わるが、岩崎岸代先生に「西海楽園という観光施設の夏祭りイベントの営業に行ってみれば?」と勧められた。営業かあ。考えてみれば長崎で数回チンドンやったけど、自力で仕事取ったこといちどもないよなあ。誰かからの紹介ばかりだ。よし、営業に行ってみるか!

かつらなどモノを売ることはこそこそやってきたけれど、自分を売るのは大の苦手だ。営業としては同じことなんだろうけど、妙に気負ってしまうのだ。

初めて営業に出向いた先で「どういうことするの?」と尋ねられて、いろいろ説明したけど、あっちもこっちもいまいちピンときていない感じ。とにかく「企画書出して」ということに……。

企画書? 何だそりゃ? 書いたことないぞ。とにかく知人にフォーマットみたいなものを書いてもらい、もがきながらワープロで書いてみた。ちなみに後にも先にも企画書書いたのはこのときだけ。たぶん。それで先方に検討してもらうことになった。頼むぞ〜〜。

そしてついに「7月30日にお願いします」との返事がきた。ややや、やったあ〜〜！ ついに自力で初めて仕事取った！

喜びもつかの間。ちょうどそのころ長崎に台風が接近してきていた。ややや、やばい！ 長崎を通過するんじゃないか？

その仕事の前日。つまり7月29日はアダチ宣伝社から助っ人仕事を頼まれて佐賀まで出張だった。その日は天気良好。なのに、つぎの日の大事な仕事日は大雨の予報らしい。ぎりぎりまで中止かどうか分からない状況で仕事していると、その最中に中止が決まってしまった。

30日の仕事をお願いしていたメンバーには、ボクからキャンセル料をちゃんと払ったので、これで赤字だ。しかし、来年もお付き合いをとの期待を込めて、クライアントからキャンセル料はいただかなかった。が、翌年以降仕事の注文は来ていない。本当にへこんだ経験だ。まだ当時は相手との交渉の仕方やお付き合いの要領が分からなかったのだ。くそ〜〜〜っ！ 忘れられない悔しい思い出だ。

ところで、宙ぶらりんの餅つきメンバー3人。タウン情報誌の募集で集まった稲葉くんと女の子2人。メンバーに入って1ヵ月半だが、練習のみ。いまだ本番なし。いくらなんでもこれじゃだめだな。

よしということで、老人ホームの慰問に行くことにした。ギャラはボクが出す。これも投資だと考えることにした。

メンバーは3人で一組だ。でもいつも仲良しの女の子2人は、いつもいっしょじゃないとだめみたいな。仕方ないから半分ずつ登場させることにした。おれたちまるで大学の仲よしサークル状態じゃないか。一応プロってことになってるんだけど……ああ情けない、泣けてくるぜ。え？　演技？　そりゃあもうスットコドッコイパフォーマンス。おまけに衣裳はぜんぶ着せてあげなければならないので、ボクだけ忙しくて盆と正月状態だった。

この慰問時の演技は、永遠に笑えるビデオとして保存してある。あ〜〜なんか頭くらくらしてきた。

そのころ、菊乃家親方から電話があった。なんと静岡と東京で4日間仕事があるからと、わざわざボクを長崎から呼んでくれたのだ。飛行機代で親方のギャラは吹っ飛んでしまうはずなのに……、涙。そりゃあ嬉しかったですよ。長崎の仕事だって営業で取った仕事が7月末にひとつ入っているだけだったから。

久々に会った親方は元気そうだった。親方の仕事はスーパーのリニューアルイベントだった。

「どうです？　長崎は？」

「景気がいいのか悪いのかさえ分からないです。一応、元気は元気なんすけど。なんかアルバイトはじめなきゃ……」

そのとき、親方はきっとボクのことを心配してくれたのだろう。チンドン屋なんかやめて、他にいい仕事ないの？　なんてニュアンスで遠回しにアドバイスされた。だから、ボクはお・や・か・たみたいにチンドン屋になりたいんですってば～～。何度もいってますけど～～。

こうして親方を目指す弟子とチンドン屋継続反対の親方、そんな2人の微妙な関係はつづくのであった。

第九章　試練と飛躍と

初テレビCM

夏の終わりごろ、友人の松下太郎くん（現Jネットレンタカー社長）から仕事の話がきた。レンタカーのCMに出ないかとのお誘いだ。こりゃ願ってもないいい話だということですぐに撮影に臨んだ。

彼は高校時代からのつきあいで、当時レンタカー会社の常務であった。ボクと彼とは対照的な人生を歩んできた。父親が社長だったので、彼は若くして役員を経験している。世間知らずのボクとは大違いだ。

当時のボクはといえば、開業以来仕事らしい仕事を5本くらいやっただけ。ギャラなんか友人からもらえないと思っていたし、CMに出る資格も価値もないと思っていた。だからそんなボクにとって、あのときもらったギャラは励みになった。テレビでCMが流れ始めれば少しは反響あるかなあ……。

以前、地元新聞社勤務の友人からワープロで作った営業用資料をダメ出しされ、落ち込んだことがあった。それでやっぱりちゃんとしたものをという話になり、パンフレットのようなものを作ることにした。めでたやが三つ折りのリーフレットを作っていたので、それを参考にしながら考える。

が、自分でうまいことできるわけがないので、プロに頼むことにした。その人は高校時代の友人淳子のダンナさんで豊田圭一郎さん。彼が考えるデザインはとても斬新でおもしろい。最初に作ってもらったのは名刺。花札をヒントにしたデザインは「かわち家」をうまく表現していて、挨拶のつかみにはもってこいのデザインだった。このときのデザイン料と名刺印刷料は開業祝いで無料にしてもらった。ちなみにこのとき作った名刺は、今現在も愛用している。

　それで今回はリーフレットをお願いしたという次第だ。リーフレットに使う写真は友人淳子が撮ってくれた。完成したのは夏の

まともな資料も持たず営業にまわっていたが、一大決心でリーフレットを作成した。

友人のご主人が開業祝いとしてデザインして頂いた。10種類のデザインを見せていただいたが、ひとめぼれしたのが、これ。今でも使わせて頂いている。

ことだった。初めて手にした資料には堂々と「かわち家」と書いてあった。まだまだ力不足で名前負けのような気もしないではないが……。千枚作ったリーフレット。これがなくなるとき、仕事が来ているかなあ。

でももうすぐ光がさすのだ！　信じられない光が！！！

長崎新聞で記事紹介された！

まさに光がさした！　それは平成12年（2000）9月1日付の長崎新聞。ボク29歳。長崎新聞は長崎では一番読者の多いローカル紙だ。この新聞にデカデカとカラーで紹介記事されたのだ。でで、でかいぞ！「長崎にもいます。プロのチンドン屋！」という見出しだ。以前手作りの営業資料を見て、「社会なめんてんの？」と愛のムチをくれた友人西くんの口利きで、記者が取材に来たのだった。ありがとよ〜〜。

掲載日の朝、桂さんと「なんか反響あればいいんなあ」と話していたら、朝8時から自宅電話に着信音！　ブルブルブル。

「はいかわち家です」

「えっ？　はい、ありがとうございます。さっそくうかがいます」

長崎新聞　2000年（平成12年）9月1日　金曜日　ローカル　（6）

長崎近郊版

長崎にもいます　プロのちんどん屋

29歳の河内さん　東京で修業、演技磨く

"若さと明るさ"ウリ　「かわち家」を開業

河内隆太郎さん

東京にあるプロのちんどん屋で修業し、全日本チンドンコンクールで優勝した西彼長与町出身の青年が、集客や街頭宣伝、祝宴でのもちつきのパフォーマンスを看板に掲げたちんどん屋「かわち家」を、長崎市内で開業した。

同市鳴見町の河内隆太郎さん(29)が「かわち家」の代表。長崎大学教育学部卒業後、電話帳に掲載されていた北九州のアマチュアちんどん屋の世界に飛び込んだ。

「在学中に教員試験に落[illegible]がなぜか頭に浮かんだ。それまで実際に見たこともなく、強い印象があったわけではなかったのですがね」

ふと頭に浮かんだ言葉に触発されて入ったちんどん屋の世界。北九州にあるちんどん屋は商店街のイベントなどのときにだけ結成される組織だったため、生活は花屋のアルバイトで支えた。

その後、東京・浅草のプロのちんどん屋「菊乃家」に移り、話芸や演技などを三年半にわたり磨いた。併せて、パーティーや結婚披露宴などでの「祝いもちつきパフォーマンス」のイベント会社にも出入りして、活動の場を広げた。

四月に富山県であった全国のプロのちんどん屋のコンクールに菊乃家の親方とともに出場し優勝。この栄誉を引っ提げて、「独立して古里で街頭宣伝パフォーマーの仕事をしたい」との思いで帰郷し開業した。これまでに約二十件の仕事をこなした。

河内さんは「依頼主の期待にこたえると同時に、地元に根付いた仕事をしたい。若くて明るいちんどん屋がいることを多くの人に知ってもらい、利用してもらいたい」と話している。

問い合わせは「かわち家」（電095・850・7432、または携帯090・3877・2099）へ。

開業半年で５本ほどの仕事だったが、この日を境に 30 件以上の仕事が舞い込んだ。

なんと販売住宅の宣伝を頼みたいという仕事依頼。うひゃ〜〜仕事来た〜〜！　さらに古い友人、知人、恩師などから続々電話があった。さらにさらにうどん屋のリニューアル宣伝の話。テレビやラジオの取材の話がきた！　この運命の一日のおかげでなんと6本の仕事が決まったのだった。

急に忙しくなった9月の半ば、ＫＴＮテレビ長崎の山本氏から連絡が入った。

10月からのローカル番組にレギュラー出演しないかとのお誘い。うそ〜〜。自信ないけど、やります！　やらせてください！　すごいことになってきたぞ。

でもそんな浮かれている最中に社会の厳しい洗礼を受けることに……。

試練

あれはマラソンの高橋尚子や柔道の田村亮子の金メダル獲得に沸いたシドニーオリンピック開催中の9月後半のこと。高校時代の友人萱嶋くんの紹介でまた仕事がもらえそうな感じになった。それは商業施設と市場が一体となった場所の2周年記念イベントだった。その市場の魚屋のオーナーが、ボクを強く推薦してくださったのだ。それも3日間の仕事。

で、それから数日後に正式決定！　すぐに施設側と打ち合わせに入った。みな好意的だった。が、ボクは浮かれていて、その時肝心な挨拶とお礼を欠いてしまった。魚屋のオーナーに挨拶するのを忘れていたのだ。正確には忘れていたわけではなく、明後日の本番の朝に挨拶に行こうと考えていたのだ。でも実際は、挨拶や報告がないことにオーナーはかなりご立腹だったらしい。この礼儀知らずめ～～！

そういう事情は知らずに、当日の朝は笑顔でチンドン抱いて現場へ。そんなボクに……。

先日あんなに好意的だったスタッフの方々がなんかやけに冷たい。あれ～？　なんで？　もう駐車場代も払えないとのこと。早いとこやってやっかい者は帰ってくれという感じ。

でも3日間仕事することになってるんすけど……。

かなりの態度の変わりように、ボクは事情が飲み込めずにしんみり着替えていたら、スタッフの女の子が厳しい顔してやって来た。

「かわち家さん、ちゃんと魚屋のご主人にお礼の挨拶に行った？」

あちゃ〜〜、それか！　いいわけしてももう遅いみたい。これから挨拶しようと思ってたんだけど、そのときは礼儀知らずのチンドン屋で通ってたみたい……。どうしよう？目の前が真っ暗になった。

そうだ、決めた。今回は1日分のギャラで3日間やろう。そして気合いで宣伝するのだ。意地でもお客さんを引っ張って来るぞ！　これから長崎で生涯やっていくつもりなのに、ここでいきなりつまずいてたまるかーっ！

まずは急いで魚屋のオーナーへ挨拶に行く。面と向かって嫌な顔こそされなかったけれど、自分自身の心境が微妙なムードと緊張感を作り出す。

でもとにかくこの日は頑張った。幸いに店舗の前は人の流れがあり、集客や呼び込みには適した場所だ。チンドン屋の腕の見せどころだ。さあ、いらっしゃい、いらっしゃい！助っ人のアダチ宣伝社の助っ人メンバーにはちときつい仕事になっちゃったなあ。すみませんでした……。

しかし、この日はいい宣伝効果があったと思う。休み時間もほどほどに頑張ったのだから。そして最後の宣伝回遊のとき、挨拶代りに全店に顔を出した。そうしたら魚屋のオーナーが笑顔で握手してくれたのだった。いやあホッとしたよ〜〜。体中の力が抜けたっすよ。

「明日もよろしく」というオーナーの言葉を最後に聞いて、「今後必ず気をつけよう」と固く心に誓った。ちなみにこの施設、それから12年お招きいただいたお得意様である。ありがたい！！！

テレビにレギュラー出演

福岡ダイエーホークスがパリーグ2連覇を達成した月。平成12年10月、いよいよKTNテレビ長崎の夕方の新番組『テレビみゅーで』で、新レギュラーとして出演することになった。「みゅーで」は長崎弁で「見よう」という意味。

最初の生中継が始まる。普段は人の前で話しているので、テレビカメラの前では調子が狂ってしまう。ひとつひとつ反応も返って来ないので、不安になるのだ。こりゃ慣れるまで大変だなあ。慣れる前に出番なくなるかも。相方のアナウンサーともいまいち噛み合わない……。そもそも契約は年末までの3ヵ月だから長く出られる保障は何もないのだ。

それでも初日の出番を終えて、学生時代の友人・知人から番組宛にたくさんの応援メールやFAXメッセージがとどいた。うちの両親や親戚たちも心配しながら見守ってくれたみたい。よし。さあ、これから頑張るぞ！

地元のテレビ局に出入りするようになり、いろいろな人付き合いの輪も広がってきた。料亭青柳の山口広助さんもそのひとりだ。年はあちらがひとつ上。この方かなり珍しい人。「長崎ぶらぶら節」でお馴染みの丸山町に生まれ育ち、実家は老舗の料亭。しかもばりばりの長崎人。関東の大学に進学し、あちらで就職したけど、1、2年前に帰郷して、実家を家族とともに支えているという。

ただ、それだけじゃなくて長崎の歴史を勉強しまくる人。あと丸山町の町おこしに日々奔走しまくる男なのだ。いろんなことを具体的にしていく行動力は桁外れだ。

KTNの歓迎会で広助さんときちんと話ができた。

「かわち家さん、今度の11月の丸山町のイベントの宣伝できる？」

夕方の情報番組「テレビみゅーで」（現ヨジマル）には、2000年10月～現在に至るまで、レギュラーとして出演させて頂いている。ライブ感覚を養うための勉強の場でもある。

もちろん出ます！　この広助さんとの出会いはかなり大きなインパクトがあった。いまでも季節に一度、イベントにお招きいただいている。

かわち家は平成12年9月に続き、10月も順風満帆。ちなみに5月に出会ったメンバーの稲葉くんは、秋になってきちんと餅つきの仕事に出てもらうようになった。彼がうちの門を叩いて半年が経っていた。

「新聞を見ました」「テレビを見ました」効果で、仕事が立てつづけに来たのだけど、そろそろそれも落ち着いてきた。テレビのほうも何だか力が出せない。周囲の評価も感じられない。

師走ごろになると、次第にテレビ局に行くのが怖くなった。問題は自分の実力のなさということははっきり分かっていた。今日もただいるだけか〜。だが、肝に命じていたのは「テレビに出していただくのはありがたいが、頼ってはいけない」ということ。テレビは常に旬な話題を追うものだ。以前北九州の川太郎一座にいたとき、大卒のチンドン屋としてメディアに取りあげられたのも、ボクの実力ではなく話題性だけだった。

とにかく一回一回の現場で出会うお客様、クライアントに評価をもらいつづけるしかない。小さな長崎のまちではリピートをもらわないと、どんどん仕事は減るに違いないのだから。でもボクはつくづく思う。実力のある人だったらまちの規模を仕事が減る理由にしないだろうなあ。できる人は長崎だろうが、アメリカだろうが、どこでもやっちゃうんだろうなあ。こりゃいかんなあ。弱気になってる。自分にハッパかけることが多くなってきたぞ。

そうこうしているうちに、中ちゃんが役者を目指して上京することになった。長崎で開業と同時に半年間餅つきやチンドンを手伝ってくれた高校時代の友人だ。彼は仕事中ボクのことを「親方」と呼んでくれた。立場が人をつくるというけれど、それ分かる気がする。彼の気遣いに、なんかしっかりしなきゃと思うようになった。

中ちゃんの送別会もやったなあ。最後の最後まで「現場出られない?」なんてしつこくお願いしてすまなかった。彼は「かわち家」というなかなか進まない船をじわりと前へ動かしてくれた恩人だ。感謝! これからもお付き合い頼むぜ。

こうして平成12年秋も終わろうとしている。桂さんはヤクルトレディの仕事をつづけ、息子Sは保育園通い、ボクはチンドン稼業……、親子3人はぼちぼち暮らしていた。

新メンバー

中ちゃんが上京し、ここぞというときに大事なメンバーが足りなくなった。まあ数人はいたんだけど、12月9日の餅つき仕事がひとり足りないのだ。仕事を受けたはいいが、メンバーがいませんなんて信用問題だ。チンドンならアダチ宣伝社などに助っ人頼めるけど、餅つきメンバーは地元で育成するしかない。

そこで、大学時代に演劇やダンスやっていたツテでいろいろ人材を探した。すると、青少年センターの方から「劇団ピピンの永野くんなんかいいと思うよ」と紹介を受けた。

さっそく永野くんに連絡を取り、スパゲッティ屋で面接。実にまじめな感じがボクは気に入った。本当は面接なんて悠長に構えてる暇はなんだけど。永野くんは「餅つきですか？」とまだピンときてない感じ。でも本番まで3週間。最低でも人前に出せるように練習が必要だ。彼は社会人で昼間の仕事があったので、練習は21時以降に外でやった。その時稲葉くんも付き合ってくれた。永野くんはいつの間にか餅つきパフォーマーに仕立て上げられ、とまどったろうに「乗りかかった船だ〜」とかいいつつ、何とか練習についいて来てくれた。彼は開業当初から現在まで在籍してくれている貴重なメンバーである。

永野くんのデビュー戦の日がやって来た。新大工商店街の年末売り出し記念の餅つき仕事だ。緊張した永野くんといっしょに準備作業をしていた。この日までにパフォーマンスの練習はやったけど、裏の仕事や衣裳の着方まで伝えていなかった。とにかく準備にバタバタした記憶がある。控え室は津軽三味線の師匠と同じ部屋だった。

本番まであと15分くらいのころ、係の人が突然来て、「本番早まりました！」なんていってくる。え〜〜っ、まだ準備出来てないよ〜。急げ〜。ふと振り返ると永野くんの半纏右前と左前が逆、帯もゆるい……、そうかしめ方も教えてなかったんだ。よりによって三味線の師匠の前で……。恥ずかしい。素人丸出しのまま、あわてふためいて現場へ向かうボクら。プロなのにね〜〜。

それでも本番はやって来た。懸命についてくる永野くん。その時はけっこうお客様に受けて一安心。でも疲れた〜〜。

その日は2ステージこなして、夕方無事に終わった。余談だけど、終わって別れたあと、永野くんは原付バイクの上で30間分も動けなかったらしい。疲れ果てたんだね。

帰り際、同じイベントに出演していたパワフルな太鼓チーム西方小天鼓の女性から声をかけられた。

「河内くん、覚えてますか?」

おおっ、分からなかったあ! 高木さんじゃないの! その女性は大学時代の知人高木さんだった。

「あれっ? 先生になったんじゃなかったの?」

「いまも先生してるの。でも悩んでいるの。どちらも中途半端になりそうで……」

彼女は風の噂でボクがチンドン屋やってること知ってたみたいだけど、ボクは彼女の太鼓のことを知らなかったし、考えたこともなかった。失礼! でもボクらはその程度の友人関係だったのだから。

この出会いは不思議なものだと感じた。で、翌年から彼女にも仕事を手伝ってもらうようになった。それから高木さんはとうとう先生やめちゃった。根気強い性格と真面目さで一大決心したのだ。こりゃすごい。縁っておもしろいなあ。

平成12年の年末は暇だった。東京時代はチンドンも餅つきもかき入れ時だったのに……。暇なときは時間がある分心は焦る。夏ごろの悲惨な状況に舞いもどった感じだ。テレビの仕事もさえないし……。桂さんも仕事のノルマやプレッシャーやらで大変そうだ。

そんな矢先に息子Sが喘息で入院することに。毎晩看病で大変だった。1週間の入院は長く感じた。お正月三が日の仕事はあるものの、入院費用のことを考えると、やはり懐具合が心配になってくる。桂さんは悩んだ末ヤクルトの仕事をやめた。やっぱり親がふらついていると子どもに影響するようだ。

ボクはというと、来年に向けて新たな決意はするけど、元来悲観的な性格なので、もうダメじゃないかとかそんなことばかり考えてしまった。ただ、なぜか不安な気持ちの奥底に「光」だけは感じていた。ただそれも野たれ死にする自分が想像できないだけかも。それでもボクは何年経ってもやっぱりチンドンやっている気がするのだ。師走は妙に感傷的になる。

平成12年は終わりだ。来年はどんな年になるのかなあ。

平成13年（2001）の正月、三が日は仕事があって、忙しく過ごした。もちろん祝い餅つきの仕事だ。東京時代から毎年正月は仕事である。逆にいえば、もし餅つき仕事がひとつもなければそれは困る。大変なことだ。1年でいちばんこの仕事の需要のある時期なのだから。

おかげさまで仕事初めはとくに失敗なく終わった。

まあしいていえば、大村市のショッピングセンターに向かう車の中で「永野くん、忘れ物ない？」と訊くと、「はい、袢天《はんてん》以外は全部あります」との返事。

「そうか。ん？　袢天？」

「えっ？　親方が持ってるんじゃ？」

というわけで、実家でくつろいでいる桂さんに袢天持って車でぶっ飛ばしてもらったことくらいかな。

昨年の秋は急に忙しくなったけど、新年はまた春まで暇になっていくのであった……。

2月に入りメンバーのいない状況が発生した。チンドンの仕事がないのにメンバー募集しなきゃならない事態に。これまで何とかアダチ宣伝社の協力などでしのいできたけど、ついにどうにもならなくなってきたのだ。

餅つき芸なんてアダチ宣伝社には頼めない。でもその餅つきで断れない仕事が入って来たのだった。

この緊急事態に、ひとりだけ心当たりの男を説得して、猛練習することにした。稲葉くんの先輩で李龍二くんだ。彼は一見クールを装っているが、いったん引き受けると責任感の強い男だ。彼は稲葉くんといっしょに練習に励んでくれた。ボクはボクで和太鼓デビューを果たさなければならない。こりゃまずいなあ。近づく本番。

そして当日を迎えた。

ド下手なボクの和太鼓に新人達の餅つき。評判を取るにはしゃべりでごまかすしかないのだ。ところが和太鼓を叩きながらのしゃべりには慣れていない。歯がゆい現場。そんなとき、弾みで稲葉くんがケガしてしまった。パフォーマンス中に目の横を切るというハプニングだ。練習のときには李くんの前歯も欠けていた。やっぱり楽しい演技のなかでも気を抜くと杵は凶器になる。

稲葉くんの顔から血がたら〜っと垂れてきたぞ。いくらしゃべりでごまかしても、お客様の視線は流血に集まっている……。そのときは大事には至らずにすんだけど、現場では何が起こるか分からない。事故やケガだけは避けないといけない。

そんなボクらの大騒ぎ芸を見学に来ていたひとりの女性がいた。

「私、アルトサックス持ってます」

それを聞いて、メンバーにラッパ吹きのいないボクは胸躍る思いだった。つっついに来た〜〜！　実はこの女性、タウン誌の求人情報見て、うちを訪ねてきたのだ。無料掲載なのに効果あったたな。

「ただ、高校卒業してから吹いていませんが。あのころはチェッカーズの『哀しくてジェラシー』とか吹いていました」

おお、そうかあ、そりゃあいいねえ。こんど現場に即出てもらおう。

「それまでに童謡でも唱歌でも歌謡曲でもいいから10曲くらい覚えてこれる？」

と訊いてみたら、

「頑張りまっす！」

との返事。愛想よくてちょっと丸っこい小川さん。ボクより年上のメンバー。これからよろしくお願いしますね。

プップッピーピッップー。ん？　ところが、小川さんの笑顔にだまされた！　いいサックス持ってんだけど、『チューリップ』や『ドレミのうた』さえ要練習だ！『ちょうちょ』に苦戦してた日にゃあ泣けたよ。面接で吹けるっていっただろ〜が。苦笑。でも愛嬌のかたまりだから許す。採用だー！ ついて来やがれ〜！

というわけで仲間も一人二人と増え始めた。

平成13年は春到来が待ち遠しかった。

3月までド暇だったが、4月にはかわち家として初めて全日本チンドンコンクールに出場することが決まっていたのだ。メンバーはみっちゃんと上京した中ちゃん。中ちゃんはそのときだけ手伝ってくれることになっていた。

またみんなに会える。菊乃家の親方に会える！

第十章　かわち家、チンドンコンクールデビュー！

初チンドンコンクール

富山のチンドンコンクール、平成13年（2001）もネタを考えるのに苦労した。これは毎年の課題だ。昨年までは菊乃家の堀田くんと頭を悩ませていた。今年はひとりで考えなくちゃならない。ところが発想はいつもマンネリでどうしようもない。福岡チームや大阪チームはいつも構成がよくできていて、まとまったステージとなっている。その印象が強くてこちらもなんか違うことやりたいと思うんだけど……。よそばかりよく見えて、プレッシャーを感じるなあ。東京時代も堀田くんとそんな話してたっけ。とにかく頑張ろう！

ただ、問題はメンバーの中ちゃんとは富山で落ち合うため、全員揃う練習は現地でしかできないことだ。こりゃあ困ったなあ。とにかく芝居仕立てではなくリズム重視の構成にしたい。そのなかのセリフや言葉を散りばめる。そんな構成なら暗記さえしていれば、間とか気にしなくてもいけるんじゃないかと考えた。よっしゃあ、いざ富山へ出発だ！

チンドンコンクールでは、約4分かけて富山市の宣伝をステージ上でおこなう。時間厳守以外の細かいルールはない。チンドン太鼓によるものならなんでもありなのだ。参加者はここ数年で30組強に増えていた。入賞チームには賞金と賞状がもらえる。だけどお金のためだけではなく、貴重な業界交流の場でもあるのだ。

中ちゃんとは無事金曜日（本番2日前）に合流。その夜即練習に入る。初出場ということで、テレビ取材とかも入っていた。

「練習はどうですか？　順調ですか？」

「いや、いまからです」

インタビュアーの質問にそのまんま素直に答えるボク。

やはり直前練習では制限時間や立ち位置の確認には苦戦した。が、予想以上に中ちゃんがセリフを覚えていたので驚いた。よし、なんとか4分の時間は埋まったかな。でも、本番は緊張するんだろうなあ。

翌土曜日。九州チームは約30分の演芸ステージをすることになった。九州チームはまとまる。アダチ宣伝社の足達社長を軸に、曲目や構成を考える。かわち家はとりあえず参加させてもらうことぐらいしかできないけど、それでもけっこう楽しい。やはり15人くらいが力合わせると、いつもより妙に厚みが出てくるものだ。

その日の夜は、明日の本番にそなえて最終稽古だ、特訓だ。……にもかかわらず中ちゃんがテレビ番組『めちゃイケ』を見たいといってきかない。こらこら！

現在のかわち家スタイルの原型が出来た。

遊びに来てるんじゃないんだぞ！　渋る中ちゃんを口説いて1回おさらいをやってみた。結果はボロボロ。とくに中ちゃんがひどい。で、ちょこっと本気になったのか、中ちゃんはテレビのスイッチを切った。それから深夜までつづくおさらい。いよいよ明日は本番だ。

かくしてコンクールはスタート。ボクの注目はやはり菊乃家チームだった。菊乃家は前年最優秀だったんで、今年はトリ。かわち家は17番目だ。ちょうどいい頃合いの出番だ。

でも相変わらず、すごい観衆にビビる。こんなところで平然とやってるベテランの先輩たちはやはりすごい。たとえ時間オーバーしようとお構いなし（笑）。でもお客が沸く。存在の大きさに圧倒され、敗北感を感じた。ボクらなんか時間やセリフばかり気にし過ぎだなあ。それ以前にお客様に負けないことが先決だと感じた。

さあ出番だ！！　笑顔で準備を始めたが、内心はオドオドしている。どうか無事に早く終わりますように～～。祈！

新人賞受賞！

「かわち家さんどうぞ！」のコールで飛び出したボクらは、緊張するというよりも、ガンガン伸び伸びやれた気がする。３人ともそうだったんじゃないかなあ。でもあとでビデオ見たらボクの口上の声が裏返っていた。苦笑。

自分たちの出番が終われば、残り時間はリラックスできた。気持ちもすっきりだ。

さてラストの３チームは見ものだ。林社長のいる東西屋チーム、みどりやチーム、それに菊乃家チーム。この３チーム、どれもよかった。みどりやさんには、今後の自分の在り方の目標になるようなステージを見せてもらった。チンドン太鼓３つと口上のみの演技はシンプルで迫力があった。あのときのステージはいまの自分のなかに生きている。

菊乃家チームは、昨年ボクがいた場所に別の若手がいた。一抹の寂しさもなんとなくあるなあ。でも親方の口上はさすがだった。ボクもずいぶんマネしちゃったなあ。

いよいよ結果発表。で、結果はボクらにしては上出来だった。高澤滋人奨励賞いう賞をいただいたのだ（ちなみに高澤氏はコンクールの考案者で大会に尽力された人物）。最優秀賞は同じ九州のアダチ宣伝社。替え歌・小ネタ満載のアイデア抜群のチームだ。よし！来年もまた頑張ろうかな。

大会後、菊乃家親方はじめ東京チームが新幹線のホームに向かう。ボクは駅まで見送りに行った。さよなら。ばいばい。また会いましょう。お元気で。おかみさんにもよろしくです。当時84歳の親方、来年も富山で会えるかなあと思った。

さて長崎に帰ると、さっそく仕事が待っていた。住吉商店街の月の売り出しでチンドン宣伝だ。この仕事は以後しばらくつづくことになる。

商店街の宣伝仕事

長崎市にある住吉商店街は、昔から活気溢れる商店街だ。だが当時は不況の影響もあってか、むかしほど人混みが見られなかった。その商店街から、毎月の売り出しでチンドンをとの仕事依頼が来たのだ。こんなに嬉しい話はない。喜んで引き受け、ボクらの宣伝仕事がはじまった。

初めは賑やかさと懐かしさでチヤホヤされたなあ。ただボクらの仕事はチヤホヤされるだけではだめ。集客してこそはじめて役に立つのだ。単独店舗の宣伝なら自信あるんだけど、商店街全体の店舗を平等にというお約束があるので、これは考えれば考えるほどむずかしい。ましてや売り出しのチラシがあるわけではなく、旗振りと演奏のみで集客を求められていた。さてどうしたもんかな……。このままなら2、3回やったら「もういいよ！」というのがオチだなあ。……たぶん。

それでも住吉商店街の仕事はしばらくつづいた。この現場は月に1、2回あるので、ずいぶん新人もお世話になった。どの店とも仲良くして、帰りにはいろんな店で買い物したりして、愛着も沸いた。

で、思ったんだけど、各店舗の売上を気にするのではなく、ボクらが雇われた理由は商店街全体を1本の線で結んで輪（和）を作るためじゃないだろうか。そんなふうに仕事しながらいろんなことを考えた。こちらで勝手に思い込んだり、推測したり、悩んだり、ひらめいたり……。別に誰にも何もいわれたわけではないんだけどさ。

卓話経験

東京ディズニーシーが開園した平成13年（2001）9月。とうとうボクが30歳になった年。あるところから卓話をしてくれと依頼があった。主催者はなぜチンドン屋になったかということに興味があったらしい。そんな人前で話なんかしたことないよ……。チンドンの支度していくべきかどうか悩んだが、出席者リスト見たらすごい方々の名前がずらり。県内トップ企業の社長や会長ばかり。こりゃ大変だぞ。

当日はスーツを着て、一応太鼓を持って会場入りした。

チンドン屋になりたいと突然思いついたこと。東京での修行時代。持ち時間の30分はあっという間に過ぎた。ボクのこの話が運よく受けたのだ。ホッとしたなあ〜。おまけにその場で2本仕事をいただけたのだからいうことなし。嬉しい限りである。それからさらに別の会場での卓話の依頼がきた……。

2回目の卓話依頼は1時間だ。前回の話を膨らませて何とか最後まで終わった。今回は自分のことを少し哀れに演出し過ぎたかな？　という印象が自分なりにあった。それが誤解を受ける結果に……。

その卓話が終わったあと、ある参加者からお礼がしたいからと某ホテルに食事に誘われたのだ。

「はい、この契約書の印鑑押して」

とその人。

「えっ？ これ何の契約書ですか？」

不思議に思い、ボクは尋ねてみた。

「うちの営業の仕事やらせてあげるよ。君のトークは集金仕事で活かせるよ！ 仕事ないんだろ？」

とその人にいわれた。

ちょちょちょっと待ってよ。そんなの誰がやるといいました？ バカにすんな！ これでも自分で営業して何とかやってるんだぞ！ プチ怒り。でもまあ、物珍しさで卓話に呼ばれて、仕事がないと誤解されるくらいだから、まだまだ自分の小ささを実感した。修行が足りません。その人は「まさか断られるなんて！」という顔をしてたっけなあ。きっと親切心だったんだろうけどね。

チンドン屋は差別用語!?

いつものタウン誌にメンバー募集を無料掲載でお願いしたけど、あまり効果がなかったので、思いきって求人情報誌にお金払って募集をかけてみることにした。まず電話であれこれ問い合わせてみた。「チンドン屋募集と掲載いただきたいのですが……。管楽器演奏者歓迎！　って感じで」とボク。すると若い営業マンから「すみません。チンドン屋では差別用語になりますんで、イベントスタッフではいけませんか?」と返事された。「うちチンドン屋やってるんですけど！　差別用語なんて失礼な話じゃないですか！！」まったくもう！　まあいいけどさ。でもなんか変な話。

同じころ、もうひとつ嫌な話があった。市内のある会社に呼ばれることになった。打ち合わせに行くと、代表の方が丁寧にもてなしてくれた。……なのに、「私ね1度でいいからチンドン屋とかホームレスとかになってみたいのよ！　そしてじっと人間観察したいの。ほら、視野を広げたいと常々思っているから」だって。どうぞホームレスになってください！　本当に屈託のない笑顔で失礼しちゃうよなあ。でもあの悪気のなさはなんだろう。悔しいけど、その場で文句言うより、現場で見返してやるぞお〜！　おーっ！

チンドン博覧会

平成13年でもうひとつ忘れてならないことは、大阪の天満宮で第2回ちんどん博覧会が開催されたこと。もちろんかわち家も参加した。よそのチンドン屋さん見ると楽しさ倍増だから、小川さんを連れて行くことにした。

この催しは東西屋社長の林幸治郎氏の声かけで、全国から若手メンバーが集まり、ちんどん屋の見本市を開催するというものだった。前年記念すべき第1回大会が開催されていたのだ（平成19年の第5回大会で終了）。

第1回目の東京上野での博覧会には参加できなかったので、初参加にボクの心は躍った。でも大変だったのは運営・制作・広告・出演のすべてをチンドン仲間でやったこと。日本一規模のでかいチンドン屋東西屋さんはじめ、大阪のみなさんはとくに大変だったに違いない。あいにくの雨模様にもかかわらず3日間で3万人の動員。ものすごいイベントになった。

東京の西内さんの提案で「よしチンドン太鼓抜きで楽隊やろう！」ということになり、ボクも誘われたけど、クラリネットは最低レベルなので気が引けた。それで見るほうでいいやと思い、一度断ったのに曲もキーもボクに合わせてくれるという。それなら参加しますか。そう思うと、今度はなんだかウキウキしはじめた。

会場では西内隊の出番を気にしながら、ボクと小川さんは素人体験コーナーの係を担当していた。おいおい楽隊ライブの時間が迫ってるのに、交替の人来ないよ。間に合わないよ。でもこの係すっぽかせないしなあ。トホホ。

ようやく交替要員が来て、人混みをかき分けかき分け西内隊の演奏に駆けつけたら、もうすでにラスト曲の最後の部分の演奏に差しかかっていた。ガビーン。いいも〜〜ん。というわけで、結局は間に合わなかった。

でもこの博覧会派手だったなあ。個人的に現役のベテランがたくさん参加してくれたことに感動。我らが菊乃家親方もみなの前で〆の口上。ラストは若手によるスーパーライブが会場を移しておこなわれた。大変な3日間で強行スケジュールだったけど、これまた刺激的だったな。

その当時のかわち家は、もろもろの事情により個人的に元気のない時期だったんだけど、博覧会を通して、なんか勇気づけられた。博覧会も終わりに近づき、参加者全員でエンディングの演奏しているとき、みんな活動する場所は違っても同じチンドン屋としてそれぞれの地でがんばっているんだと感慨にふけった。ボクもその一員であることに誇りを感じていた。またみんなと会いたいと強く思ったのだった。

最終章　その後のかわち家とチンドンの未来

平成15年（2003＝32歳の時）からホームページ上のコンテンツとして書きはじめた『チンドンかわち家歴史帳』。しかし、222話まで書いたところでパソコンのトラブルで突然データが消えてしまい、現在中断したままだ。そこで、この章では日頃からボクが考えていることや印象的なこと、その後のかわち家で起こったエピソードなどをまとめて書いてみることにした。前に書いた部分と重複するところも多々あるが、そこはお許しいただき、このまとめの章で河内隆太郎の思いのたけをご笑読いただければありがたいと思う。

かわち家メンバーについて

長崎に帰ってチンドン屋を創業した当時、とにかく最初はチンドンも祝い餅つきもメンバーが簡単に集まると思いこんでいた。なぜなら、かとうバレエ時代を振り返ってみて、人前に出て何かをやることがもし仕事になるんだったら、演劇をやっている人や人前に出るのが好きな人にとってはもってこいの仕事だと思ったから。だから、メンバー集めは簡単だと思っていたのだが、これがなかなか苦労した。

第八章にも書いたが、最初のメンバーは高校時代の友人の中ちゃんだった。以来、いままでに百人弱のメンバーといっしょにやってきている。ところが実際には簡単にメンバーが見つかったわけではない。ピンチになっては誰かメンバーいないかと探す。そういうことの繰り返しで少しずつメンバーが増えてきたという感じなのだ。

かわち家をスタートしたころは、パフォーマンスを人前でやるのに演劇界の人はどうかなと思い、演劇関係者を勧誘しようとけっこう回った。

チンドン屋？　祝い餅つき？

だが、向こうにしてみれば海のものとも山のものとも分からないイメージがあったと思うし、こちらにも何かうまく踏みこめない感じがあった。結局は関係者から誰も紹介してもらうことはできなかった。そこで、大学の演劇サークルにも声かけてみたが、やっぱり全然反応はなかった。

稲葉くんとの出会い

それで困ったなと思い、当時あったタウン情報誌に無料のメンバー募集広告を載せてみた。すると平成12年の5月20日頃だったか、長崎大学医学部のある男子学生が面接に来てくれた。その稲葉くんという学生には、以後相当助けられた。稲葉くんは当時「お金が貯めたかったので、すぐにでも仕事がしたかった」らしいが、「君には祝い餅つきの仕事をしてもらいたいんだが、じつはいま一本も仕事がないんだ」とボクは事情を説明した。稲葉くんにしてみれば、連れていかれた事務所がただの民家で、しかも子どもがそばで泣いているという状況に、ボクはどうしたらいいんだ？　と不安にかられたらしい。それでも彼を強引にボクの実家に連れて行って、臼と杵を見せて、さっそくだけど練習してみない？　と誘った。ボクのほうは、彼が来たときからメンバーと決めつけていたな。以後、稲葉くんは根気よく練習に付き合ってくれた。仕事のない間に遊びに呼んだり、練習に呼んだりしたが、彼はずっと付きあってくれていた。かわち家とつながってくれていた。

何も仕事をしていないときのボクを稲葉くんは見ていたので、その年の9月1日に長崎新聞でボクが記事紹介され突然ブレイクしたときは、彼もいっしょになってとても喜んでくれた。それでも結局、彼に祝い餅つきの仕事を頼めたのは、彼と知り合って半年後の11月3日のことだった。

彼にはかなり迷惑をかけたけど、卒業して長崎を発つまでかわち家にずっと関わってくれて、他のメンバーもいろいろ紹介してくれた。彼がいてくれたことによって、メンバーが入ってきて、そのメンバーがまた別のメンバーを連れて来てというふうに、彼のフィルターを通して信頼できる人が集まって来るきっかけになってくれたのだった。

でも、アルバイトを探しに来て（仕事もないのに）状況を分かってのこってくれるなんていう稲葉くんみたいな人が、今の世の中にいるのだろうかと思う。

ボクが講演会を頼まれるときは、ときどき稲葉くんの話題を出すことがある。この時期に彼の義理人情みたいなものにふれられたことは、ボクにとっては大きな財産となった。稲葉くんにいわせると「パチンコ店のアルバイトとどっちにしようか悩んだんですが、チンドン屋や餅つきパフォーマンスのほうはおもしろそうだったので来ました」ということだったのだが。

稲葉くんが長崎を離れるというとき、最後にみんなで送別会をやった。現在彼は立派な外科医になり活躍している。彼の結婚披露宴のときには岡山までボクらをわざわざ呼んでくれたが、律儀な彼らしいエピソードだと思う。

ある女子大生が作ったユニフォーム

稲葉くんと同時期に、メンバーとして在籍した佐和子ちゃんという女の子がいた。彼女はかわち家メンバーに一体感をもたせたかったのか、「親方お揃いのスタッフジャンパーを作りましょうよ！」といい出した。彼女は当時ユニクロでもバイトしていて、そういうものを安く作るツテがあったみたいだった。

メンバー佐和子ちゃんの声かけでつくったスタッフジャンパー。現在も同じデザイン。

しかし、当時のボクはお金もなく、まとめて作るのは無理だなと思っていた。ところが、佐和子ちゃんは自分でお金を出して作りたいとまでいって来たのだ。その気持ちにボクは感動し、泣かされた。もちろん親方としてそんなことはさせられない。そこまで彼女がいってくれるんだったら、もうおれが作るよという気持ちになった。

完成したジャンパーは20着。当時のメンバーが全員買ってくれた。あまった残りをボクが全部買い取ることにした。だから最終的には彼女に迷惑はかけていないが、彼女がいい出さなかったら、現在もメンバー全員が持っているかわち家ジャンパーは存在しなかっただろう。

振り返って考えれば、ただのメンバーが自分でお金を出してまで、そんなことしてくれるのかなと思う。彼女がかわち家を愛してくれていたんだなということがよく分かった。彼女はいまでもお正月前になると遊びに来てくれて、差し入れなんかしてくれている。

稲葉くんと佐和子ちゃんの2人をはじめ、本当は初期メンバーからそれぞれ個性的で楽しい仲間たちを一人一人紹介したい気持ちでいっぱいだ。以来約百人のメンバーと知り合い練習に汗を流してきた。祝い餅つきやチンドンというのは、長崎ではうちしか営業していないために、入ってくるときは全員未経験で入ってくる。現在も同じ練習を繰りかえしおこない、メンバーは日々成長をつづけているのである。

来るものはあんまり拒まず、去るものはそこそこ追う

メンバーについて、ボクの考えでは来るものはあんまり拒まない。面接はするけど。去るものはそこそこ追う。いや追いたい。そういう関係を築きたいと常々思っている。「来るもの拒まず、去るもの追わず」っていうのは、何かドライで、あんまり好きじゃない。去るときには「お前、やめるなよ」と声をかけ、それでもという場合には送別会を開い

てきちんと送り出していく関係を築きたい。

とにかく、ある環境をきちんと卒業してからつぎのステップに行くということを、自分自身も学生時代から心がけていたので、メンバー間でいざこざがあったり何か問題があったりしてやめていくことだけは嫌だなと思っている。うちに来るメンバーもきちんとかわち家の環境を卒業して、巣立っていってほしいなと強く希望している。あとはメンバーそれぞれが伸び伸びと活躍できるような雰囲気作りというものをどこか気がけている。

ちょっとくらい演技力がないとしても、あったとしても、一度採用すると決めたら、人前に出せるまでは自分の使命だと思って、とことん付きあってデビューさせていくつもりだ。

チンドンの練習は毎週火曜日にやっている。メンバーとマンツーマンでやることもあるし、誰かの練習に他のメンバーが集まることもある。現在は社員である嶋田琴子ちゃんが後輩たちといっしょになって勉強してくれているので、ボク自身でやることがだいぶん減ってきている気がする。

メンバーの祝い餅つきデビューのときは、とくに集中して何度も稽古をする。そんな稽古中の他愛もない話やら、プライベートな会話からメンバーの距離が縮まっていく。その時間は極めて大切だと考えている。

それから、リーダーとして口上をしゃべれるメンバーをどんどん育て上げていきたい。自分がいないところでもメンバーがかわち家の看板を背負っていて、親方がいなくても十分おもしろかったといわれる実績を積んでいけるように、どんどんステップアップさせていきたいと思っている。実際に個性的な面々で、またボクとは違う味わいのパフォーマンスになるのもおもしろい。

嶋田琴子ちゃんのこと

今から2年くらい前に、『ひるじげドン』というNIB長崎国際テレビの番組のリポーターをしていたのが、メンバーで社員の嶋田琴子ちゃんだ。もともとはうちのメンバーの紹介で学生時代にかわち家に入っていた。メンバーになって2、3ヵ月後に番組リポーターが決まったのだった。ああタレントになるのか、彼女に向いているなとそのときボクは思った。ただ、もし許されるのであれば並行してチンドンもつづけられたらうちも助かるし、彼女のためにもいいんじゃないかなと思っていた。

それで彼女と話し合って、一日何時間も立ってチラシを配る仕事の現場、つまり、暑い、きつい現場でチラシを配ったりする仕事をお願いすることにした。それには理由があった。テレビに出て名前がどんどん売れていって人気者になった場合、そういうときこそチンドンの仕事をしていると、彼女へ声援が大きくなるに違いないと思っていたからだ。だからちょっときつい仕事は嫌ですよとか、勘違いしたテレビリポーターにはならないでほしいと話した。とにかく販売促進に関わる立場であることは、ボクらでもテレビタレントでも変わらないはずだ。われわれが街頭でチラシを配ってお客様にPRしていく販促の基本が、彼女のリポーターの仕事にもきっと生きるはずだと思って、いっしょに仕事はつづけていたのだった。

それから2年経って、彼女のリポーター契約が終わったので、彼女はさあこの先どうしようかということになった。彼女の場合爆発するような明るさと天真爛漫な雰囲気が、パフォーマーとしてはもちろん戦力になることは分かっていた。だから営業力とか宣伝力とか本格的にきちんと教えたら、ボクの上を行くような本格的な芸のできる逸材になるという可能性を感じて、それで現在いっしょにパフォーマンスと営業を勉強中というところだ。

彼女の存在は他のメンバーの刺激にもなっていると思う。彼女には非常に華がある。お客さんの受けもいい。だから、彼女の下の世代の後輩たちを引っ張っていく立場になってもらえればなと思う。まずはもう少し本人がパフォーマンスを仕切って、現場で実績をどんどん積んでいけるように、ボクも活躍の場を与えつづけたいと考えている。

インプレッション賞

平成25年（2013）からかわち家では「インプレッション賞」という表彰制度を設けている。これはファインプレイだなというような仕事や、みんながハッとするような仕事ぶりをメンバーが見せてくれた場合、他のメンバーがそのメンバーにポイントを与えていくというポイント制のシステムになっているのだ。そして、年間を通じて「インプレッション大賞」が決まる。受賞者には毎年忘年会でボクからプレゼントを贈ることになっている。

ただ、「インプレッション賞」とは自分以外のメンバーに取らせるもの。自分が取るものではない。要するに人のいいところをどんどん見つけて、いい仕事をしてくれた人にポイントを与えていく賞のこと。他人のいいところを見つけて、自分の仕事に反映していかせたいというのが、この賞の位置づけだ。自分のアピールの場でない。大賞は毎年受賞者がひとりずつ変わっていっている。受賞すると獲得ポイントはゼロに戻る。そういう仕組みをつくりながら、ボクなりに愛するメンバー内の意識の向上を図っているのである。

チンドンコンクールはチンドン屋の甲子園

富山のチンドンコンクールはチンドン屋の甲子園だ。年に一度の晴れ舞台であり、チンドン屋が中心となった祭りだ。それに加えて順位を付けられるので、やっぱり気合いが入るのは確かだ。ここ数年は30チームがエントリーしているが、このコンクールは富山の観光行事になっていて、一応ボクらの仕事にもなっている。

菊乃家時代からコンクールに参加させてもらっているが、毎回ネタを考えるのが非常にむずかしい。それぞれのチームが自分たちの特長を活かしたパフォーマンスをおこなうので、あるチームは替え歌やダジャレ、あるチームは寸劇を交えたパフォーマンス、踊ったり歌ったり、何でもありのコンクールだ。ただ自分のなかで、(東京時代は)何をやっていいのか定まらない感じで終わっていた。堀田くんと毎回ネタに悩んだが、最後の決め手になるのは結局師匠の口上しかないなと思っていたのだ。

第十章でも触れたが、長崎で独立していざかわち家として出場するときに、はて、いったいボクは何ができるのか？　と考えた。チンドンコンクールというのは普段の仕事と違って3分間の勝負。一チームが一スポンサーを請け負って、宣伝しながら対決していくという仕組みになっている。現在の大会はブロック制で、4つのブロックから勝ち上がった2チームずつが、決勝トーナメントに進むことになっているのだ。

独自のかわち家スタイル

ボクが修行した東京のチンドン屋さんのいちばんの魅力は演奏力。師匠クラスのチンドン太鼓はいつまで聴いていてもあきない。すばらしい味わいだ。

ただし、コンクールの決められた制限時間のなかでは、どうもそのよさが現れにくい。そもそも師匠クラスは、コンクールのための練習に長い時間をかけるというよりも、日々の街角仕事で職人としての力を発揮する方々なのだと思う。

ボクは、かわち家として大会に参加する際、ふたつのテーマを決めた。

「チンドンのリズムを絶やさない演目」と「街角でも、ステージでも、どこでもできる演目」の2つである。チンドン太鼓とゴロス太鼓の一定のリズムに七五調の言葉を並べてまくしたてる。見ている人が手拍子を入れやすい状況をつくる。締めに口上の時間をゆっくりとって、伝えたいことをきちんと伝える。口上にこだわるのは菊乃家親方ゆずりだ。

はじめて出場した第47回大会からスタイルを確立した48回大会、それから現在までの全演目で、このスタイルを貫き通している。あえてつづけているというより、このスタイルで演目を創っていくのが好きなのだ。ワンパターンな演目であるために飽きられている部分もあると思うが、逆に毎年期待されている部分も大いにある。

これまでこのスタイルで2度最優秀賞を獲得させていただいたが、特に2度目の第56回大会では、3週間前に師匠が亡くなったばかりであったために気合いも入った。でも正直これが最後の優勝だと思う(笑)。もう勝てる気がしない。コンクールの結果は年間を通じての営業に関わってくる部分も多少はあるので、毎年プレッシャーがかかる。いっしょに行くメンバーも毎年変わるが、メンバーのモチベーション維持にもつながっていると思う。今後もコンクール出場は続けていくつもり。できることならメンバーを中心にしたチームで、自分がサブに回って、上位を目指せたらいいなと思っている。ただ、出場チームは毎年レベルが向上し、みんな強いというのが実感だ。

コンクールでは見られないチンドンの魅力

ここまでコンクールの賞に関して書いたが、ボクがいう本当のチンドン屋のすばらしさというのは、実はコンクールでは見られない部分がたくさんあると思う。ボクが好きなチンドン屋は、口上も演奏もいつまで聴いてきてもあきない。擦り切れるほど聴いた師匠達の音源は数知れずある。それに比べて自分の音はこの歳になっても力みが取れず情けないばかり。それでも、師匠を憧れだけに終わらせずに追い越すつもりで、日々精進し稽古していきたいと思う。

ふと思いついた創業10周年イベント

あれはボクが36歳の時。NTTドコモがPHSサービスを終了した翌日。つまり平成20年（2008）1月8日のことだった。

ボクは仕事中にふと思った。

その時は中ちゃんが横にいた。

「おい中ちゃん、いま思いついたとけど、来年うちの師匠を長崎に呼びたい」

そのころの菊乃家の師匠はだんだん体調が悪くなっていて、現場でフルの活躍がむずかしくなっていた。かわち家の創業10周年にはあと2年あったが、親方が元気なうちにと思い、もう来年記念イベントを前倒しでやると決めたのだった。

パッと描いた青写真が親方を呼んで、全国のチンドン屋さんを長崎に一堂に招くことだった。それは開業当初からの夢でもあった。誰も見たことのないようなチンドン屋のショーを開催したい。親方を長崎の人に紹介できるし、かわち家のプロモーションにもなる。こんな思いがふと閃いたのだった。これは絶対いけるなと思った。ただ自分が開催するうえで、関わる人全員がギャラをもらって帰れるようなシステムを作りたい。そのためには大きなホールでやらないとダメだ。それで、悩んだ末に会場として押さえたのが長崎市民会館文化ホールだった。

さっそく、名付けてかわち家10周年記念興行「チンドン大作戦」の開催日を２００９年（平成21）２月22日と決めた。

それから善は急げで、１年かけて集客に取り組んだ。結果を先にいうと、開催当日は土砂降りだったにもかかわらず、昼公演と夜公演にはそれぞれ千人弱入って、満員御礼となった。自分だけのための開催なら、あんな力が出なかった気がする。「親方呼ぶぞ！」という動機がすごくあったからできたという気もするし、ボクのその思いをスポンサーが応援してくださったからということもあったと思う。

イベント開催でもっとも苦労したことは、メンバーの温度差をまとめることだった。ボクとしては珍しく何度か声を荒げたこともあった。メンバーはそれぞれ忙しく暮らしているし、劇団などと違い、うちは予算内で数人ずつまとまって動く団体なので、全員で何かをやるということはそれまで一度もなかったのだ。

もうひとつの壁は、具体的に昼夜計2千人集められるのか？ ということだった。ゲスト全員にギャラを払って、交通費や宿泊費をもつと、個人で開催するには莫大な予算がかかり過ぎる。もし失敗したら大赤字でこりゃ家庭も大変なことになるぞ。だから最初周囲からは止められた。

振り返れば、チンドン屋になる時も周囲に反対されたが、でも自分の心の奥底で何かやれそうな気がしていた。根拠のない自信があった。光みたいなものを自分で感じていた。だから、そのときもまったく同じような予感がしていた。何かおれならいけるんじゃないか。個人が普通にやるイベントとしては2千人の集客は厳しい。そこで、ある方に共催イベントにしてもらえないかと相談した。が、「かわち家さん、有料で千人集めることのむずかしさってご存知ですか?」と質問されて、共催には乗ってくれなかった。なので、仕方がないと思った。ボクは退路を断ち、完全に個人として2千人集めようという気持ちで準備をスタートしたのだった。

異業種交流会

心細いスタートではあったが、時間が経つにつれて、メンバーがたくさん券を売ってくれたことももちろんあり、どんどんカタチになっていった。

ある異業種交流会で幹事さんに相談した際に、「こうやってみるのはどうだい?」というのすごくいいアドバイスをいただいたこともあった。多くの会社の社長さんたちが「お前がそこまでいうなら手伝ってやろうか」といって、出資してくださったこともあった。

このときつくづく思ったのは、年上の人生の先輩の方々が道を開いてくれるなということだった。逆に年下のメンバー達からは刺激をもらった。

異業種交流会については、それまで自分が仕事をもらおうと思って参加していなかったかと、ちょっと反省もした。このときの経験で、自分のほうが交流会に参加している誰かに仕事を紹介できないかなという逆の発想が生まれた。つまり、「仕事をもらおう」じゃなくて「誰に仕事を頼めるか」という出会いを求めて参加するように変わったのだ。「ギブアンドテイク」ではなく「先にギブする」（ギブアンドギブ）という発想で世間には飛び込んで行くべきだと思った。異業種交流会を通して、人に何かしてもらったらお礼を真っ先に喜んで贈るというようなことも学んだ気がする。

「チンドン大作戦」で見えたチンドンの可能性

そういうこともあって、ふたを開けてみると、「チンドン大作戦」はまさかの2千人の来場者で、超満員になった。結果的に成功できたと思っている。ただ肝心の菊乃家の親方が最後の最後に体調不良で長崎に来ることができなかった。それがすごく残念だった。だが、イベント開催に合わせて親方がボク宛に手紙を書いてくれた。その手紙の内容にはものすごく泣けた。

アッと云う間のひと昔、私は少しも変わらない、つまらない。変わったのは隆太郎君だ。

十年間皆々様方のご後援が有りとは云え、看板を上げ、所帯を持ち、子供迄作った。私は十五才で看板を上げ、十七才の時には弟子も居たが、子供迄は作れなかった。

これから如何に活躍して行くか楽しくもあれ期待も出来る。

若者よ大きく羽を拡げて自分の世界を拡げてゆけ。

それが世の為自分の為だ。

ちんどん屋はあくまで宣伝業だ、広告屋だ。物事、世間の人々、身の廻りの人を手本にして、自分の力を延ばしてくれ。

まだまだ隆太郎君は青二才だ。

先輩諸氏を見習って立派な一家を育ててもらいたい。それが貴君の仕事だ。

又楽しみでもある解《わけ》だ。

あく迄も自分を偉いと思わずに廻りを見て生きて行け。

出来る貴君なら。俺は出来なかったが、出来る貴君なら。

十年前も君がやった。これから十年君は輝き、俺は百才になる、モウロクしている。

これも人生、一つの楽しみだ。

世の中は浮きも沈みも　苦も楽も
心の舟の梶《かじ》の　とりよう

開催の準備の段階で、周囲が心配したのはチンドン屋が何やるの？　ということだった。チンドン屋は街頭でやる人たちという印象が強かったみたいで、チンドン屋のショーにお金出せないと思われていた。「チケット2千枚をどうやって売るの？　ステージでいったい何やるの？」とよく質問されもした。

ボクが考えたその内容は、第一部がチンドン屋さんの歴史を追いかけていくもの。飴売りの飴勝さんが寄席小屋の支配人に「あんたの宣伝口上でうちの小屋を宣伝してくれ」と依頼されたのが広告代理の始まりという説がある。それが後々職業として発展していく。拍子木一本「とざい、とーざい」と口上をきる東西屋。ブラスバンド広告で街を宣伝した時代。それから人件費削減などで作られたチンドン太鼓をもとにした小集団がチンドン屋と呼ばれるようになった昭和時代。

長崎発、全国チンドン屋さん集合イベント開催。大成功！

そこまでを演目とスポンサー宣伝を兼ねたショー形式にした。一般のコンサートなどでプログラムに名刺広告を掲載しても、その部分はあまり見ない。これをチンドン屋が「ねえみなさん、後ろのページを開けて下さい。これから一社一社宣伝しますよ〜」という感じで、名刺広告がものをいうようなスタイルで会場の千人に宣伝をしていく、PRしていくというような手法を取った。つまり、宣伝とショーを兼ね合わせたものにしていったのだ。

第二部では、平成時代になってパフォーマンスの位置づけも上がったということで、全国から集まったチンドン屋（かわち家含む30人　東京2チーム、大阪1チーム、九州5チーム）入り乱れてのパフォーマンスショーにもっていった。
最後のフィナーレで祝い餅つきで締めるという流れを考えた。チンドン屋は宣伝屋でありパフォーマーであるということを、どちらも満たしたような演目になったと思う。

イベント成功のポイントと発想の原点

イベント成功のポイントは、周囲が反対してもやれそうな気がしたというチンドン屋を目指したところとの共通点があったことと、師匠のためなら動けるかもしれないという気がしてならなかったということ。それに何よりメンバーはじめ支えてくれたみなさんの心意気。これが「チンドン大作戦」成功を通していちばんボクがいいたかったことだ。

ところで、チンドン大作戦のスタイルのそもそも発想の原点は、大相撲の懸賞にあった。懸賞は土俵にぞろぞろ歩いて来て掲げるが、あれを掲げるだけではなく、「こんにちは永谷園です。新商品出ました、帰りに買っていってくださ～い」と、もしいったら、永谷園にとってはよりいいコマーシャルになるなと。

ということは、チンドン屋が舞台に立ってお世話になったスポンサー名を千人の前で思いっきり連呼して、いま一番旬なお知らせをしたらどうなるのかなと。それが演目になったら、過去にあり得なかった演目だし、今後演劇とかバレエとか舞台公演でも、幕間《まくあい》とか前説的にひとつの広告を取るスタイルになるんじゃないかなと思ったのだった。そのとき、冠のスポンサーを宣伝するのは非常にいいことなんじゃないかなと実感した。コマーシャルをリアルにライブでやるというのはチンドン屋さんならでは。それを楽しく演芸的にやれればもうショーじゃないかと。

いま振り返ってみれば、そういう発想のもと舞台で演じるリアル宣伝ショーを思いつき、おもしろおかしくやったのだと思う。

チンドン大作戦のフィナーレにサプライズで登場してくれた家族。

初めての中国公演が実現

海外公演はもともとボクの夢だった。かわち家を開業して10年間海外公演の話はなかったが、でもよそのチンドン屋さんが海外でも活躍していたので、自分にもいつかご縁があるのかなと思っていた。

そんな折、すごく懇意にしている東京のチンドン屋さんから2週間くらい中国公演に行ったとう話を聞いて、うらやましく思っていた。何でもきっかけはある代理店の中国人女性がいて、その人が日本の芸能を中国に持って行って、日本の桜祭りを開催したいという話だったらしい。

そのチンドン屋さんは「よかったら河内くんも紹介しておくよ。祝い餅つきのパンフレット送ってよ」といってくれた。それでさっそくパンフレットを送っていたのだ。そうしたらまさかまさかなんだけど、その中国人女性から電話がかかってきた。

来年（2010年＝平成22）四川省の成都というところで桜祭りを2週間ちょっと（16日間）開催したいということだった。それでお誘いを受けたのだ。が、参加するのに予算がけっこうかかるので、これはクリアーできるかなと心配していたところ、少しずつ少しずつ話が進んでいって、正月明けのころには3月から4月にかけて4名編成で公演を行うことが決定してしまった。

そのときは嬉しかったが、同時にちょっと不安もあった。期間が長いので、代表の自分が行かないと何かトラブルがあった際に困ると思ったが、同時期にかぶってしまうチンドンコンクールの日程だけははずせないと思っていた。そこで、期間中の9日間はボクが仕切って、10日目から永野くんにリーダーをお願いすることで、主催者にも了承し

臼を送るだけでも大変だった中国仕事。16 日間の大仕事。
言葉の壁を越えて盛り上がった。

てもらった。

ボクの最後の日に永野くんが長崎からやって来て、一晩いっしょに過ごして引き継ぎをして、翌朝ボクは帰るというスケジュールだった。

トラブルに学ぶ

そうこうしているうちに、あっという間に初の海外公演の日はやって来た。いざ中国で祝い餅つきのパフォーマンスをやることになったのはいいが、中国の方々につきたての餅を配るのはむずかしいのではないかと関係者が心配していた。理由は日本人みたいにきちんと整列して順番に待つということが通用しないかもしれないということだった。そこが懸念材料だったが、ボクはまたまた何となくいけるんじゃないかと思い込んでしまっていた。ちゃんと説明すれば、気持ちが伝われば、中国の方もきちんと並んでいただけるのではないかと、そんな気がしていたのだ。

ところがいざ蓋《ふた》を開けてみると、大変なことになった。周囲を取り囲んでいたお客さんが、つきたての餅めがけて、四方八方から全員飛びかかって来たのだった。ボクらは危険を感じて控え室に逃げ込んだが、外からドアを激しく叩く音や叫ぶ声が部屋に響いていた。ボクらは祈るような気持ちでお客さんが引いてくれるのを待っていた。早く落ち着いてくれー！

それでも何とか1ステージ目を終えて、これじゃいかんなあと思い、ボクらは2ステージ目から策を練ることにした。パフォーマンスの終了間際に、学生ボランティアのみなさんが全員（10人くらい）で手をつないで人間の柵を作ってくれたのだ。

通訳の方を通して、ボクは、
「実は今ついたお餅は全員に配れない」
と丁寧に説明した。

「でもボクは中国の方が大好きだし、またこんなイベントがあったらぜひ呼んでほしいと思うから、どうか子どもさんだけに今日はプレゼントさせてもらうことを許してください。お餅はこちらのほうからお子さんへ手渡しますから、みなさんはそのままお待ちください」

というふうにお願いをしたら、何とうまくいったのだった。会場の中国の方々が殺到することもなく、子どもさんだけにお餅が渡って、トラブルになることもなかった。

そのとき、こちらが気持ちをきちんと伝えれば、中国の方にも理解してもらえるんだなと思って、それから9日間はおもしろく公演ができた。中国人の方々はボクらが笑わせたいところで日本人と同じように笑ってくれた。これはウーちゃんという有能な中国人女性通訳のおかげだったのかもしれない。

桜祭りにはボクらのほかに、東京から高円寺の阿波踊り連にチンドン屋さん、イベント相撲をやる元大相撲の力士らが参加していた。そこではいろんな芸能関係の方々と交流ができた。その期間ボクは、ボクたちが餅をこねている間に阿波踊り連に入ってもらうとか、チンドン屋さんがお囃子に加わるとか、みんなの見せ場を作ってボクたちのパフォーマンスに入ってもらい、祝い餅つきを全員で実演できるようなスタイルなども考えた。
本当に有意義な9日間を過ごすことができたのだった。

またしても波乱のトラブルが……

そしていよいよあと2日でボクは終わりだという時に、ちょうど長崎では永野くんがかわち家の仕事を仕切ってくれていた。佐世保のステージを終えてその足で博多に行き、翌日ひとりで四川省成都に来ることになっていた。

ところが、桂さんからボク宛に「永野くん調子が悪い」というメールが届いた。最初は風邪かなと思って「薬飲むようにいっといて」と返信した。そうしたら「風邪ではない。命にかかわる重病だ」との衝撃的な返事が来た。

すぐに電話で連絡してみると、佐世保営業のワンステージ目が終わったあとに心筋梗塞になって、救急車で病院に運ばれたということだった。幸い救急車がすぐに回されて来て、総合病院に搬送されたが、容態は不明とのこと。ボクもどうしようかと心配になって、メンバーとネットで心筋梗塞を検索してみたら、発症から48時間がヤマだと書いてあった。そのときは「永野くん、何とか命だけは助かってくれよ！」と祈るような気持ちで過ごしていた。

そんな状況のところへ、代理店の方が「今日は四川省政府の方々と日本の芸能団体の方々との食事会があるから一緒に行きましょう」と誘いに来た。もちろんとても行く気にはなれないので、ボクはこちらの事情を説明した。代理店の方は一応理解してはくれたのだが、「でもね河内さん、ここはビジネスだから。このパーティーは出席してもらわないと困る」とはっきりといわれた。仕方なくボクは「分かりました。とりあえず行きましょう」と答えたものの、大事なメンバーが死ぬかもしれないという時だったので、気持ちは沈んでいた。

泣き笑いの切ないカラオケタイム

その夜参加したパーティーは順調に進み、カラオケタイムに入ったが、カラオケなんか歌える気分では当然ない。でも代理店の人は「河内さん、一曲歌って」と背中を押す。で、ボクは仕方なく『東京音頭』を歌おうと思った。この曲だったら短いだろうと思って選んだのだが、曲を入れてみたら『東京音頭』は何番もあり、長く歌い続けるはめになってしまった。

すると何番目かを歌っているうちに中国の方々がボクの周りで踊り始めたのだ。結果的にボクは全体の超盛り上げ役になってしまっていた。「河内さん、さすがね！」とかいわれたけど、ボクの気持ちはもちろん真逆だった。おれはこんなときに何盛り上げてるんだ？　と泣き笑いの顔で落ち込んでいたのだ。まあ、永野くんが結果的に九死に一生を得て、現在普通の暮らしができているからこそ、いまは笑い話なんだけど。当時は本当に心配でならなかったのだ。

その翌日、中国の主催者が状況を全部分かってくれて、ボクには「ギャラとか何とか一切気にするな。帰っていい」といってくれた。ボクは長崎に帰ってすぐに永野くんのところへすっ飛んで行った。そこで初めて永野くんの顔を見て、大丈夫そうだったので、ちょっと安心したのだった。その後中国では残ったメンバー3人が試行錯誤し、ボランティアスタッフの子に一緒についてもらいながら、何とか無事に中国の仕事を終えることができた。

その仕事をきっかけに、その後、上海、ソウル、釜山など、海外公演の機会をもらった。最近では長崎県の観光PRみたいなことで、北京や上海など海外にも行かせてもらっている。チンドンで支度《したく》の日本のちょんまげは好評で、海外公演ではインパクトがあるようだ。

新しいチンドンって何？

ボクがチンドンをつづけていくなかで、多くの方々に「チンドン屋をがんばれ！」と応援してもらっていた。ただし、「従来のチンドン屋じゃだめだ。これから先もやっていけるかわち家の新しいチンドンをつくれ！」ともいわれた。加藤先生にもいわれたし、藤井社長にも、両親や先輩諸氏にもいわれた。

それで「新しいチンドンって何？」という摸索をつづけていた。自分のスタイルを見つけるというのは、チンドンコンクールでは何となく見つかった気がしていた。口上も自分なりのものを見つけてはいるものの、ではそれが新しいチンドンなのか？と問われるとそうではないと思った。

大阪のチンドン屋さんなんかはＣＤを発売したり、本を出版したり、個人でバルーンアートのような洋風パフォーマンスができたり、飛び道具的なオプション芸を持っていたりして、ミュージシャンや大道芸人の要素を持った人がたくさんいる。なので、新しいチンドンといわれると、自分のなかではどうしてもチンドンの他にできる別のオプションという考え方にしか目がいかなかった。実際にチンドン屋の世界では、大道芸人的要素の演目を取り入れている人が多くなっている。

それでは何か別のオプション芸ができなければだめなのか？　でも自分にはほかに何かできるわけでもない。中途半端に取り組む気もない。だから新しいチンドンが何か正直分からなかった。暗中模索状態。ただし、みんなが口を揃える「従来のチンドンで終わるな！」という言葉に対しては「おれは従来のチンドンで終わりたいんだ」と声を大きくしていいたかった。またそういい張ってもきた。それはひとつは苦し紛れの叫びでもあり、同時にテレビやラジオよりもチンドン屋が宣伝効果を出せるか出せないかと問われると、自分に100％の自信はなかった。

広告の効果は数字で出にくい部分もあるので、何ともいえないと思っていた。

あるお店との出会い

そんなとき、平成25年（2023・ボク42歳のとき）にある飲食店との出会いがあった。

あるお店の社長から電話がかかってきて、「ぜひチンドン宣伝を頼みたい」という話で、「初めて店を出す」ということだった。「ただし、宣伝はかわち家さんのところしか考えていない」と社長さん。ボクが「テレビCMや新聞の折り込みチラシを利用したりしないんですか?」と尋ねると、あまりよくわからないと。

そのとき、これは責任重大だなと思った。ボクらがこちらのお店の立地的に近所でチラシを配るにしても一日千枚が関の山。テレビCMや折り込みチラシのほうが多くの人の目にとまるという点では絶大なる効果がありそう。それが千枚で効果を出すというのはどうなのかな? と正直に思った。

いろいろ考えてみて、まずはボクなりの手法で身近に生活をしていらっしゃるお店の近所の人たちに、入念にチラシを配って回ることにした。家や事務所の窓から「かわち家さ〜ん」と声をかけてくれた人に、「ちょっといまから寄っていいですか?」といいながらそこへ入って行った。それから事情を説明し「こういうことなんで、よかったら1回くらい食べに来てください」と勧めて回った。するとみんな「いいよ、1回くらいなら行くよ」といってくれて、そこで話の花が咲いた。

つぎに、ある程度近所を回り尽くしたと思ったら、そのお店が見えるところで人がたまるポイントを見つけて、一日中そこから動かないでチラシをまいた。そこを定点として配ったのだ。人がたまるたびに「あの店ですよ!」と指差しながら、口頭で説明しながら、チラシを配った。するとその日は46人のお客さんがお店に入った。チンドン屋効果は売上金額にして2、3万円というところか。うちが受けた仕事の金額には程遠い。チンドン屋はやっぱり売上効果をそこまで出せなくてもにぎやかしの存在かなとの思いがどこかにあって、力になれたかどうか自信がなかった。ただ自分のなかでも約束した売上金額に達するまでは食べに行きつづけようと思った。それならお店に損はないはずだ。

で、何度もお店に通っているうちに社長さんが、

「かわち家さんすごいぞ。じつはチンドン屋さんの効果を正の字で書いていた。しかもお客さんからチンドン屋さんの宣伝で来たという人だけをカウントしてたんだ。そうして1ヵ月半調べてみたら入店客が延べ千人を超えていたよ」

古くて新しいチンドンの可能性

この数字には自分でも驚いた。ただ勘違いしてはいけないのはチンドン屋の力だけではないということ。リピーターを呼ぶだけのお店の技量があってこその効果なのだ。いいものを宣伝し、かついい宣伝をおこなった場合に、爆発的な力をチンドン屋は秘めているんだなと感じた。

また広範囲に知らせる必要のない地域限定の宣伝方法もあると思った。チンドン屋の宣伝をもう1回よく考えてみたときに、これは将来も仕事になるんじゃないかという可能性を感じた。

ふと思いついたのは、自分が東京時代にかつらの店頭販売をしていたときに、販売する人で売上も変わるということ。販売人で売上も変わるのであれば、宣伝する人で売上も変わるはずだということ。まさにこれが数字に現れているのではないか。

今回の仕事を通して自分の目指すチンドンってそこなのかなと思った。それで以後、ボクはいろんなお店で数字の効果を聞いて回るようにした。するとたくさんの意見が出てきて、「今日は売上がこれくらいいった」とか「見込みの1・5倍だった」とかいう感じで、実際の数字による効果が出はじめた。

ああ、おれの本当にやりたいチンドン、自分にできる仕事というのは、これだったんだ。

そのむかし飴勝さんが自分の店の飴玉を売るのに使った自分の口上を活かしておこなった寄席小屋の宣伝、拍子木だけでお店にお客を呼び込んだ東西屋の宣伝。だんだん彼らがやっていた宣伝活動はいまだに通用するのではないかという気になってきていた。

つまり、自分にとっての新しいチンドンというのは本当は古いチンドンのことではないかということに自分で気づいたのだった。だからいまは営業のシフトチェンジでしっかり効果を出せる宣伝屋ということを重要に思っているのだ。

そんな考えがまとまった矢先に出会ったのが「俺んちのコロッケ」の㈱将大さんだった。㈱将大さんとの出会いもボクにとって大きかった。味がよければ売れるというのももちろんあるけど、㈱将大さんはかわち家の効果を同時に評価してくれた。

「俺んちのコロッケ」には何度もいろんなイベントに呼んでもらっている。遠くから大勢の人を呼ぶことはできなくても、そこに多くの人たちがいるのを1ヵ所に集めて人の流れを作ることはかわち家にできる。宣伝を誘導と考えるのもひとつのスタイルだ。実際に楽しいしゃべりで販売していくことができる。宣伝と販売を同時にできたらどんなにいいだろうと、かつら販売をしながら思ったことを、具体的なカタチにさせていただいているのが「俺んちのコロッケ」の宣伝活動なのだ。だから㈱将大の川端社長さんにもものすごく感謝している。自分の中の新しいチンドンとは、ゆえに「原点回帰」なのだと思う。

ボクの人生の師匠・加藤久邦先生

ボクの人生に師匠と呼べる人が4人いる。

一人目は大学の先輩でもある加藤久邦先生。かとうフィーリングアートバレエの加藤先生についてはこれまでの章で紹介した通りだ。第二章でも書いたが、チンドン屋になると先生に伝えたとき、先生は反対された。しかしボクの強い意志を感じられたのか、レッスン場に大の字に寝転んで「おれもこれが夢だったんだ。自分のレッスン場で自分の踊りを創りたかったんだ」とひとこと。そのときの加藤先生の姿は、いまもこの目に焼き付いている。

長崎に帰郷してからもときどきレッスンに行くと、先生は可愛がってくれた。かとうバレエのリサイタルの幕間の時間は、通常加藤先生の素敵なトークタイムなのだが、あるリサイタルでその大切な時間を全部ボクに任せてくれたことがあった。バレエとはまったく異質のチンドン屋の口上で幕間全部を埋めたことがあった。

それはバレエとチンドンが合うとか合わないではなく、加藤先生の優しさだった。「隆太郎！　仕事としてやってくれよ」といわれたが、ボクに仕事をさせたいという親心だったように思う。チンドンでリサイタルに登場したのは、後にも先にもその1回だけだったが、とても嬉しかった。

加藤先生はいつもボクを気にかけてくれていた。体調を崩されてからお見舞いに行ったときもものすごく喜んでくれた。「今から検査に行ってくるからゆっくりしていけ」といわれて、暗い病室にボクは一人残された。それが加藤先生との最後の別れになった。加藤先生は平成26年（２０１４）４月２日にお亡くなりになった。

吉村敏幸座長

ボクにチンドンの世界への扉を開けてくれたのが、北九州若松区川太郎一座の吉村敏幸座長だった。川太郎一座は地域のまちおこし団体で、座長は印鑑屋の社長だった。吉村座長はボクにいろんなメディアを紹介してくれた。嬉しかったのは、長崎に帰郷して最初に挨拶に行って以後、川太郎一座で仕事が入ったときに、「隆ちゃんいっしょに来てラッパ吹いてよ」と声をかけてもらったことだ。

座長が若松のことを書いた歌詞にバンドの人が曲をつけてＣＤになったことがあって、ある日、ボクはそのＣＤをもらった。それで次の座長との仕事の時にその曲をメンバーと覚えていき、２人で座長の前で吹いてみた。すると一番いいサビの部分の前で座長に演奏を止められて「何の歌？」と聞かれたエピソードもあった。座長ー！！　これ座長の作詞した曲ですよー！　演奏下手ですみません（笑）。

一座を退団して上京すると話したときに、座長にいちばんおいしい天ぷら定食をごちそうになった。そのときの味がいまだに忘れられない。もしまだその天ぷら屋さんがまだあるんだったら、今度はボクが80歳を超えた吉村座長に天ぷら定食をごちそうしたいなと思っている。

僕のチンドン世界の扉を開けてくださったご夫妻の元へごあいさつへ。本の出版も喜んでくださった。

川太郎一座はアマチュア団体とはいえ20年間活動がつづいた。はじめた当時の座長は60歳前。そこから20年はすごいと思う。

平成24年（２０１２）10月、若松区の象徴として一座が活動した最後の締めの仕事にボクを呼んでくれた。活動を終える最後の日に一座といっしょにいられたということがいい思い出となっている。

その日は座長が好きな『青い背広』という曲をク

ラリネットで吹かせてもらった。

ボクがチンドン屋を始めるにあたり、まず104で九州のチンドン屋を探したところ、紹介されたイベント会社の人に「楽器ができないと入れない」ということで、断られたことがあった。川太郎一座さんには「楽器できなくてもいいよ」ということで入れてもらい、ボクは思いつきのチンドン屋の道をあきらめずにすんだのだった。いま振り返ってみれば、吉村座長が「こっちの道に来いよ」と誘ってくれたことは、チンドン屋の道を開いてくれたことは、ボクの人生の大きな分かれ道だったと思う。

だが、上京を決めて一座を離れるときは、ボクに後ろめたい気持ちもあり、目標としていた環境を美しく卒業することができず、非常に反省もすることも多い人生のターニングポイントであった。それが長崎に帰郷してから「自分の一座でがんばってくれた河内くん」といろいろ紹介してくれて、引退現場まで呼んでもらったことで、ようやくきちんと川太郎一座を卒業できたような感じで、とても嬉しく思っている。

大井勘至親方

東京の師匠といえば、菊乃家の大井勘至（本名正明）親方に大変お世話になった。

親方がチンドンを始めたのは14歳の時。17、8歳のころには弟子ももったが、戦時色が濃くなると仕事が激減し、看板を降ろして造幣局に勤務することに。戦後、造幣局をやめ、さまざまな職業を転々として、チンドン屋を再開したのが昭和24年（1949）ごろ。戦後復興とともにチンドンの仕事も増え、昭和30年代にはチンドン屋一本で生計を立てるようになったという。

そんな親方の座右の銘が「腹は立てず、心は丸く、人は大きく己は小さく」。好きな言葉が「世の中は浮きも沈みも苦も楽も、心の船の、舵の取りよう」だった。書家でもある親方はよくこの言葉を書いていた。

親方の家族はすごくいい人たちだった。東京にいるあいだ、家族じゅうがボクを可愛がってくれた。

いろんな思い出は数々あるが、親方の口上を最初に聞いたときは驚いた。名実ともに口上の名人。人が聞きたくなるような唄のような口上を切っていた。芸能としていまの時代も通用する口上だった。テンポがよくて、心地よくて、お客が聞き入ってしまうというようなものだった。親方の口上をボクはいまだに真似をしている。親方はネタ帳を持っていて、何度か見せてもらったことがあるが、会うたびに「まだそんなネタがあったんですか？」というような初めて聞く口上がたくさん飛び出していたのだった。

親方の口上についてはこんな笑い話もある。ある日、日焼けサロンの宣伝に行ったときのこと。親方曰く「実は昼過ぎまで何の店か知らずに口上切っちゃったよ。ははははっ」。名人は宣伝内容も知らずに口上が切れるんですね！　親方といっしょに大笑いした楽しい思い出のひとこまだ。

親方はだてに78年現役で終わっていない。92歳で亡くなられたが、90歳を超えて仕事のオファーが来ていたこと自体がすばらしい！　最後のころの仕事は、テレビの取材で10メートル歩くだけとか、写真撮影で真ん中に座っているだけという仕事だったと聞いている。親方は80代になってもボクらに荷物を持たせてくれなかった。親方の自立心なのか、一匹狼気質なのか、弟子に世話を焼いてもらうことに慣れていないのか。親方から手取り足取りああだこうだの指導は一切なかった。親方は常に「河内くんや堀田くんがすごいね。弟子がすごい、弟子がすごい」といってくれた。でも結局仕事になると親方の口上に助けられていた。みんなから好かれている親方だったので、結果的にボクら弟子の仕事も増えた。

親方には技術的なものだけではなく、一生チンドンをつづけて家族をやしなってきたという重い事実を教えてもらったし、ボクの支えにも刺激にもなった。親方は関東大震災や戦争を体験しながら、荒波にもまれた男。ボクが長崎で独立するときには「チンドン屋はなるべく早くやめなさい。これは未来のない仕事だ」とアドバイスされたのも、親方なりの優しさだったのだろう。

すごいのは親方の亡くなり方。平成22年（2010）3月16日。大好きな鰻を食べて、「眠いから眠る」といって、そのまま亡くなったという。旨いもん食って眠って亡くなるっていうのは、これは人生最高の死に方だと思う。

藤井信社長

最後は祝い餅つきのめでたやの藤井信社長のこと。前述しているが、この師匠はボクの人生のなかでもちょっと恐い人だった。古い芸人気質を持った師匠で、かなり顔色もうかがった。しゃべるときも気を使った。

めでたやの社長が亡くなったと聞いたときは、ものすごくびっくりした。葬儀には自分の仕事が重なって参列できなかった。藤井社長も壮絶な人生だったと思う。

藤井社長からはより具体的に口上の技術を学んだ。強面《こわおもて》の顔から繰り出す笑いのギャップが本当にすばらしかった。藤井社長がパフォーマンスして盛りあがらなかったという現場は見たことがなかった。臨機応変なトークが大道芸人ばりに優れている師匠だったと思う。

あるとき藤井社長に「自分が負けたなと思う芸人はいますか?」と質問したことがあるが、ご本人は「いない」と即座に答えていた。その自信も藤井社長らしかった。ただ、藤井社長の祝い餅つきについて、こんなエピソードがある。

ある猿廻しの師匠にいわれたことがあるそうだ。

「藤井くん、君がやる芸はたしかにおもしろいと思うが、跡を継いでくれる人がいない芸は本物とはいえない」

と。だが、その師匠の指摘も杞憂に終わった。藤井社長が考案された餅つきパフォーマンスは東京、名古屋、関西、四国、長崎でしっかり受け継がれている。

ボクも「これからは自分の番」と身を引き締めている。いつか自分も藤井社長のように本物になりたいものだ。

4人の師匠の至芸を受け継いで

紹介した4人の師匠たち全員からボクは影響をものすごく受けている。元来ボクは影響を受けやすいタイプで、他のチンドン屋の親方衆のチンドン太鼓のテクニックにもメチャクチャ影響を受けている。「学ぶは真似るから入る」という言葉があるくらいなので、ボクはとことん師匠たちを真似した。

オリジナルを追求するのではなくて、太鼓にしてもしゃべりにしても、まずは人真似から入っていた。ただ、ボクは師匠たちと同じ人間ではないので、いつかそれが個性になるに違いないと信じていた。それで徹底的に真似して、「似てる」といわれても気にしなかった。いまだに真似の途上で、ボクはわざとそうしている。だから、チンドンコンクールでのかわち家スタイルや仕事のやり方は自分なりのものを持っている気は一応するが、たとえばチンドン太鼓ひとつとっても、自分のオリジナリティを感じたことがまだない。チンドン太鼓のおもしろさは教則本のない楽器だということ。だからこそいろんな手が生まれてくるのだ。

平成28年（2016）4月に富山でおこなわれた第62回チンドンコンクール。44歳のボクは、初めてかわち家チームのメンバーに入らなかった。若い女性3人のメンバーにかわち家の看板を背負って行ってもらうことにした。悔いのない演技ができたらうれしいなという思いで送り出したが、親方のボクがいない状況に彼女たちは相当なプレッシャーを感じていたと思う。

彼女たちは出発前にボクの前で何度も練習を繰り返した。結果、見事上位入賞を果たし、好成績をおさめてくれた。あらためて大会の映像で彼女達のパフォーマンスを見ると、つくづく「かわち家らしい演技を伸び伸び体現してくれたな!」と思う。彼女たちも(ボクがそうしてきたように)、自分たちの力で師匠の芸を受け継いでいきながら、これから何となく独自のスタイルができあがっていくという気もするし、そういう自分たちの姿を見ながら、10年20年経ったときに彼女らなりのパフォーマンスに仕上げてほしいと期待もしている。

自分が独立した当初、仕事がなくて困り果てていたときも、これだけボクが思いきって飛び込んで出会った師匠とか芸とかいうものを、おれの代でしかも故郷の長崎でつぶしてなるものか、それだけは嫌だという思いは、自分のなかですごく励みになった。長崎に持って帰って、自分で育てて、後世に伝えて残す。

ボクが死んでからも職業として残ることを前提にチンドンや祝い餅つきをやっている

つもりだ。実践できる人間というのは、東京ならできる、長崎だからできないとかいう発想はない。

師匠から受けついだ芸を長崎でより発展させていくという目標が、今のボクのなかに強くある。その目標達成の先にこそ、ボク自身が描く「かわち家の未来」が待っているように思うのである。

（了）

かわち家メンバーが親方を語る

■あくまでも自然体の親方は「普通じゃない」

藤本明宏

初対面の親方からいきなり「長い付き合いにしような」といわれたとき、何か〝普通じゃない〟気配を感じ取っていた。そこから二十歳前後の多感な日々を親方といっしょに歩んでこられたのは、自分の人生における財産だと思う。「あーくん最近どうね」と現場で会うたびきいてくる親方に、年相応のぼんやりした悩みや、青臭い夢を語った。「おいんときはさ」と、みずからの〝普通じゃない〟経験を話すときも、あくまで自然体だった。コンビニの駐車場に座ってアイスを食べたり、移動中にお互いの好きな曲をかけたり。年の離れた大人との思い出らしくない、方との〝普通じゃない〟思い出が教えてくれたのは、〝普通なんかにとらわれなくていい〟ことだった。

■「かわち家」はチームで仕事する

飯島亮子

親方と現場でご一緒するたびに、親方の「チームで仕事をすることへの意識」というのを強く感じます。もちろん、自身もパフォーマーとして舞台に立たれるのですが、それでも「俺はみんなが面白いと言われるパフォーマンスがしたい」とおっしゃるんです、親方は。自分も劇団に所属し、役者の経験もありますが、総じてパフォーマンスに携わる人間はいろんな欲が付きまとうものだと思います。カッコつけたい、笑わせたい、目立ちたい。でも親方からはそれをあまり感じない。それより、「かわち家」のチームとして、メンバーそれぞれの個性を活かして、このメンバーだからできるパフォーマンスをしたい。そんな気持ちを感じます。そんな親方だからこそ、15年続けてこれたんでしょうし、いつもたくさんの笑顔に囲まれながらお仕事ができるんだろうなと思います。私も、そんな親方の背中を追いかけていきたいと思います。

林田大生

■100歳までチンドマンのままで

かわち家16周年おめでとうございます。私、親方には人として育てていただきました。かわち家に入った当初の自分のことを思い出すと、ぞっとします。親方はよくあんな無礼な若僧を投げ出さずにかわち家に置いてくれたな、と思っています。今後ともよろしくお願いいたします。親方が元気に100歳までチンドンマンでいられるよう祈念いたします。

小川はるみ

■プロの仕事は毎回が真剣勝負

私がはじめて親方を知ったのは「テレビ」でした。長崎の情報番組にサムライが出ている?

え？　チンドン屋って？？　頭が「？」でいっぱいでした。それから、ときどきそのテレビ番組を見て「へ〜〜」と思っていました。

ある日そのチンドン屋さんがタウン誌で「メンバー募集。楽器を持っている方大歓迎」と求人。「あ、私楽器持ってた」。さっそく、友人に相談。「電話してみたらいいよ」の一声に背中を押され電話し面接へ。そんな経緯で、現在もお世話になっております。でも楽器は持ってただけで、ブラスバンド部だったのにブランクが……。（最初うまく演奏できずに）こんなはずじゃなかったと本当に悔しくて、悔しくて。

それからいろいろな場所でいろいろな方との出会いを経験させてもらいましたが、いまでも頭に残っている現場は某ホテルでのステージ。練習していったにもかかわらず私のしゃべりの場面で「すみません。入ったばかりであまり慣れていなくって」とお客さんに言いわけをしてしまったこと。ステージ終了後親方から叱られたのはいうまでもありませんが、そのときは「そこ？　そんなことで？」と思っていました。それからの親方の仕事ぶりを見て、プロの仕事って毎回真剣なんだなあと思いなおすことができました。

本当に素敵な出会いと別れを経験させていただきました。私もまだまだ元気で頑張りますので皆様もうちょいとお付きあいください。

■ハローワークでのご縁で「かわち家」に

松本志穂

初めてかわち家さんと出会ったのは、ハローワークを通してホームページで確認したときでした。「あっ！　テレビで見たことがある」チンドン屋さん!?　ん？

ハローワーク募集では、職種・事務雑務と記載がある。ハローワークから連絡を取ってもらい、面接に伺う。親方が「松本さんは、何か楽器はやらないの？」と。「……いえ、やりません……」。人前に出るのは、どちらかというと苦手な方、ダメかな……。でも……縁は繋がったのでした。

それから、まったく普通の主婦であった私が「芸の世界」を目にしていくこととなります。親方はプロのチンドン屋さん。でも、だから、決して稽古や練習を欠かしません。日々、精進をされています。その背中を見て、メンバーも精進しています。若いメンバーの活き活きした姿にかわち家最高齢の私はいつも元気をもらっています。パフォーマンスは出来ませんが、事務方として、微々力ですが、縁の下の力持ち！　として、私も精進いたします。

いろいろな縁を通して人が繋がっていることを感じています。親方が独立して16年。そして20年……30年と末永く、沢山のご縁が繋がり拡がることを祈念しております。

■「依頼したい」と思ってもらえる仕事を

平方直美

かわち家に関わってから13年、事務所でお世話になって8年になります。事務所にいると、演者であるころには見えなかった部分がたくさんあります。まず、現場をスムーズにおこなうための準備や打ち合わせ、そして終わったあとの片づけ・請求、領収等の事務処理といった地味な部分。そして、かわち家を依頼されるお客様の事情や思いをより強く感じることができるようになったので、演者としても、しっかりその思いに応えたいと現場にのぞめるようになりました。かわち家がこの先も「依頼したい」と思って頂ける心のこもった仕事をしたい。依頼を受けるたび、現場に行かせてもらう度たびに強く思います。

■私のかわち家ストーリー

田口（石川）智子

「かわち家さんが、太鼓の打ち手を探してるらしくて、智ちゃん太鼓打ってみない！」「はい！」。21歳のとき、ふたつ返事ではじまった私のかわち家ストーリー。

地元の郷土芸能である和太鼓を小学三年生のころからはじめ、いまもつづけており、新たにかわち家として太鼓を打つなかで学んだことが三つあります。「かけ声で場を盛り上げる技」「笑顔で観客を惹き付ける技」「間の取り方や音の強弱で笑いや拍手を誘う技」。これらの気付きは、いままでの私の太鼓の表現方法をガラリと変えてくれました。また、私のデザイナー人生で代表作とも言える、Tシャツや手ぬぐい、興行の資料づくりなど、デザインしたものが形になる喜びを感じられたこと、とても感謝しています。

ある日、親方から「あいさつはいうだけでなく、相手に届かないと意味がないからね」と改めて教えていただいたことは、私自身、子供をもつ母として、人として、お手本になれるよういまでも心がけています。自信がなくて一歩踏み出せないときは、〝チンドン屋というキーワードだけで、実現化した親方〟のことを思い出すと、不思議となんでもできそうな気持ちになったりして、私の人生を語るうえで、かわち家は欠かせない存在になっています。

■長崎の文化になったチンドン屋

光岡咲希

私が初めてチンドン屋を見たのは大学2年の秋のことである。「チンドン屋」といえば、派手な格好で街を練り歩く人たちだと思っていた。しかし、実際は派手な格好に加え、口上や演奏でお店の宣伝をする人たちなのだということを知った。芸で宣伝をする存在だということは衝撃だった。芸を何かのツールとして使うという発想がとても面白いと思う。そして、そんなチンドン屋の皆さんは話すとても気さくな人ばかりである。誰もが話しかけやすい存在で、格好つけることもなく、街角で愉快な芸を披露する。その振る舞いが最高にカッコいいと思う。チンドン屋という存在が長崎にあるということは、長崎の文化の豊かさを示すものなのではないかと思う。これからもチンドン屋という存在が長崎の風情、文化の象徴としてずっと居続けてほしいと思う。

岩崎祐磨

■「かわち家」という場所で学んだこと

かわち家と出会って3年。現場に入った回数は今年だけでも50回を越え、いまでは自分の生活のなかでなくてはならない存在になっています。はじめてかわち家のみなさんと会ったバーベキューでは、知らない人たちのなかに入って、とりあえずの記念写真ということで真ん中へ。忘れることはないでしょう。現場でも多くのところにと行かせていただいて、「人を楽しませる」ということの難しさ。ほかにもさまざまありますが、この「かわち家」という場所で多くのことを学べていることに感謝したいと思います。これからもまだまだ精進して、誰からも好かれるパフォーマーへと成長したいと思います。

中村宏一郎

■かわち家とワタクシ

「チンドン屋になりたいんだよね、長崎で」

20年以上前ですが、思案橋にあった喫茶店でそういわれたときのことは鮮明に覚えています。私は、一瞬言葉に詰まり「何で?」と聞きました。彼は、教員採用試験の関係でダンスを習いはじめたら、表現することにハマったこと。とはいえ純粋な表現者としてのダンサーになりたいわけではなく、商売にダンスの要素を絡めて何かできないかと考えた結果、チンドン屋に行きついたことを説明してくれました。

私は、「チンドン屋になりたい理由は理解した。でも、仮に日本一のチンドン屋になれたとして、東京じゃなく長崎でメシは食えるのか?」と返しました。すると彼は、「わからん。でも決めたから」と答えました。この8年後、まさか本当に日本一のチンドン屋になってしまうとは、そもそも完全に言葉のあやでいった「日本一のチンドン屋」を決める大会が存在したとは夢にも思いませんでした。

ちなみに、この話を彼にすると「あのころは誰にでもそのことを話していたからよく覚えていない」といいます。たしかにあのときの20代前半の彼は、夢を語る、というには少し緊張した面持ちで向かいに座っていたように思います。いわゆる「普通」ではない道に進むことを決め、その決意を揺らがせぬよう、自分にいい聞かせるよう、みんなに言って回っていたのだろうということも、この歳になると理解できます。ただ、「俺に人生の一大決心を打ち明けてくれたんだ!」と思って感動していた身としては、「誰にでもいっていたのかよ!」とツッコミたくもなるのですが、こうして笑い話にできるのも、彼がチンドン屋になる夢を叶え、いま現在もこうしてチンドン屋でありつづけるからなのです。これからもずっと、九州を代表するチンドン屋でありつづけて欲しいと願っています。

■流れのなかに存在しつづけたい

嶋田琴子

　幼いころから一途に夢を追いつづけていた私がココ（かわち家）にいるのは、もうこうなるようにはじめから決まっていたみたいに自然で、いま思えば面白いくらい不思議で幸せな出会いの連続だった。

　ここでそのすべてはお話しできないけれど、気づいたらココにいて、初めは〝嫌ではないけどノリ気のない〟感じ。心がココになくて、仕事のやりがいもわかっていなかった。そんな私でもココにいれば親方をはじめ、多くの先輩方が私に関わってくれた。それがただうれしくて、楽しくて、いつしかココは私の中で辛い時、苦しい時、いてほしい人たちがいる場所になっていた。好きで好きで仕方なくなった。

　そんなある日、突然、当時出演していたテレビ番組の降板を告げられ、局を出てすぐにこらえきれない大粒の涙が出たのをいまでも鮮明に覚えている。そのとき真っ先に浮かんだ顔が〝親方〟だ。親方のあの明るくて弾んだ返事にまた息がつまり声も出せずいたところで、やっと出たかと思うと大声で「番組降板になりましたー」。

　何ていってもらったのかハッキリとした言葉は覚えていないけど、あたたかくてしっかりと受け止めてもらえたのを覚えている。

それから改めて親方から「正式に社員として働かないか?」と。救われた気持ちになり、ココで再スタート! やる気に満ち溢れた。

しかし、両親を説得するのに時間がかかり、それはますます私にかわち家愛を強めさせたと思う。いまとなっては両親も応援してくれているが、当時は「チンドン屋!??　信じられない、許せない」という反応。私は反抗し、「うちを出てでもかわち家で働く!」と意気込んでいたが、親方がひとこと「ご両親がダメならダメよ～」。なんで!?「親にも快く応援してもらえないチンドン屋が町の人に応援してもらえるはずがない」。それが私にとって親方の弟子になるファーストステージだった。その後晴れてかわち家社員となった当時の私の新鮮な気持ちを振りかえる。

タレントを辞めてチンドン屋さんになる。そう決めて半年が経った。正式にかわち家で働くと決心したとき、親方にいわれた。「演劇やダンス、自分がいままで趣味としてきたもの。辞めきれる?　趣味に時間を費やすならば、稽古をしてほしい……」と。かわち家の仕事は、大きく分けて三演目。これだけを極めプロとしてこなし、全部できた上で営業にまわりお仕事をいただけるように努力をする。いわれたことに納得した(笑)。

ただただ必死で一生懸命で突き進んだ三年間。誰に恥じることなく、引け目を感じることもなく、自信をつけさせてくれた。まだまだ知らないことも分からないことも山ほどあって、あと何年、何十年かかるかも知れない。でも親方について行く！　この人のもとで働きたい！と思った純粋な気持ちを忘れずに、かわち家の歴史をこの目で生きている限り見ていきたい。

何になりたいか、何をしたいのか自分自身に問いつづけてきて〝今〟。幼いころから思い描いていた未来とはまったく違うし、これからも変わっていくかもしれない。私は女だから結婚も出産もあるかもしれない。生活だって変わりゆく。けれど、この先私のすべてがかわち家という流れの中で存在していたいと思う。

■人生の宝物に出会ったよう

中村　幸

親方に出会って、仕事にたいする姿勢、人前に出ることの楽しさ、いろんなジャンルの音楽、ほかでは味わえない経験など、いろいろなことを学ばせていただいています。かわち家さんに入ったことで成長できた部分もありますし、とにかく、親方の元で学ばせていただいてることがとっても楽しいですし、嬉しいです！！　私は作文が大の苦手なので深イことは書けませんが、かわち家そしてメンバーに出会えたこと、親方に出会えたことは、私の人生の宝物であることは間違いありません。

20周年、30周年、40周年とお祝いさせていただきます！

■親方の人柄にひかれて

石尾　翼

僕がかわち家と出会ったきっかけは、当時所属していた劇団に同じく所属していた方がもともとかわち家にいて、祝い餅の搗き手として誘われたところからはじまります。その後、チンドン大作戦という大きなイベントにも参加させていただきました。このチンドン大作戦の祝い餅つきパフォーマンスの成功のために、真夏の長与の公園で杵を投げまくったことは、さながら部活動のような熱く魂の燃えるような時間でした。それから何年と経ちますが、かわち家に入って早々にそのような熱い練習をやってこられたからこそ、いまでもかわち家でがんばれるんだと思っています。そして親方の人柄ですね。親方みたいな方はなかなかいないです。出会えてよかったです。これからも健康な限り、パフォーマーとして頑張っていきます！

■祝い餅つきの「返し手」も芸として工夫

石松愛実

祝い餅つきの「返し手」として働かせてもらっています。餅の扱いも芸も未熟な私ですが、つづけられるのは親方や先輩方の細かな気遣いのお陰です。とくに親方は、メンバーひとりひとりの活かし方（魅せ方）を常に考えてくれていると感じます。

また、「返し手」という立場だからこそ、臼を囲んだメンバーのなかで、私にしかない役割がある、私にしかない持ち味があると思えるのです。

私には搗き手のような体力はありませんし、太鼓で場を盛り上げることもできません。しかし、舞台上の誰よりも餅を触っていて、餅の柔らかさも温度も常にモニタリングしています。最終的にお客さんに、なるべくおいしい餅を食べてもらうために、水を差すタイミングや回数、臼のなかでの餅の位置など、返し手にしかできないことがたくさんあるのです。それでいて、すべての動作が芸として「見よい」必要があります。

祝い餅つきの返し手について、先輩から最初にこう説明されたときは、あまりの難しさに頭が痛くなりました。しかし、ステージを重ねるうちに、なるほどそれを醍醐味だと感じるようになっていきました。これからも、(何度も失敗するとは思いますが)祝い餅つき芸と、かわち家ファミリーの尽きない魅力に感化されて行くと思います。

■夜の公園で杵を投げたあの日から

永野　要

親方、出版おめでとうございます。

親方との出会いは、アマチュアで演劇をやっていた私に「パフォーマンスの仕事をやってみない?」と知人が声をかけてくれたことがきっかけでした。

初の親方との対面。「食事しながらハンディカムで実際の映像を見ながら話しましょう」と親方にいわれて飲食店に入ったものの、カメラのバッテリーは空っぽ。そのまま親方のご実家にお邪魔し、夜の公園で何もわからず杵を投げたあの日から十数年が経ちました。

親方の人柄に触れ、いくつもの現場を経験させていただき、改めて人前で演じ、何かを伝えることの喜びと大変さ、そして宣伝の重要さを学ばせていただきました。

年数を重ねたものの、まだまだ親方には程遠い所で右往左往しておりますが、これからもよろしくお願いいいたします。

■寄稿■

まことに古風だけれど、チンドンはメディアの最先端！

テレビ長崎ウェブコンテンツ開発部長　山本正興

出会い

その存在感と実力から、とっくに僕は彼のことを「親方」といわなければならないけれど、この一文を書き終えるまでは長年のおつき合いの誼《よしみ》で、敢えて「かわち君」と呼ばせてもらうことを許していただきたい。

20年近くまえ、テレビ番組のプロデューサーをしていた僕は、アナウンサーやリポーターではない何かこうガツンとくる出演者をいつも探していた。おかまのおネェさんにMCをしてもらったこともあるし、元気いっぱいの園芸家や長崎弁オンリーの建築家にも出てもらっていた。彼らと作りあげる時間は刺激的で面白く、よくいっしょに笑い転げながら制作していた。出演者もスタッフもみんな楽しいという番組は、広く視てもらえるものだ。

そんな或る日、出島ワーフの何かのイベントで、僕はチンドン屋を見かけた。多分かわち君が開業したばかりのころだ。大勢の人波の向こうに垣間見えた彼は、昼間であるにも拘わらずまるでスポットライトが当たっているように見えた。それは衣装や鳴り物のせいでただ目立っていたというわけではない。間違いなく彼はガツンとくる雰囲気をまとっていたのだ。知的な風貌と上品な物腰からテンポのよい軽妙な口上が繰り出され、そして蝶が舞うように歩む。絶品だ。僕はかわち君にひとめ惚れした。
以来、彼は番組になくてはならない存在になった。それからのかわち君の活躍は皆さんも御存知の通りだ。

矜持

いつだったか、元日の朝、大村市のショッピングセンターの開店時、かわち一座を取材したことがある。夜が明ける前に長崎を出て、早々に彼らは現地入りした。そして控室で入念な化粧を施す。一分の隙もない化粧である。手を抜くということを、たぶん彼は考えたこともないだろう。ひとつひとつの現場で、彼は最高の芸を披露することに徹している。開店前からたくさんの買物客が並んでいた。一座は新年らしい目出度い口上と賑やかな鉦・太鼓でパフォーマンスを繰り広げ、買物客が待ち疲れしないように、かつ少しでも寒さを忘れるようにと気を配っていた。彼らの明るさと誠実さが観客に笑顔と幸福感を運んでいた。プロフェッショナルの見事な技芸だった。

また違う日、大分県の昭和の町で知られる豊後高田市に同行取材したことがある。この商工会議所から祭りの出し物のひとつとして、かわち君に出演依頼があったのだ。長崎県ではかわち一座を知らない人はいないだろう。しかし、何といってもここは大分県の豊後高田市、アウェイである。昭和の町を訪れた観光客は反応してくれるだろうか。そんな危惧が少しよぎったりしたが、それは束の間の杞憂に過ぎなかった。

「三丁目の夕日」に出てくるような商店街をかわち君たちはリズミカルなチンドン囃子とともに練り歩く。すると沿道の人たちは次第に足を止めて見入りはじめ、やがて場の空気と気分が一気に昭和時代へと変わっていくのだった。商店街の上にかかるネオン付きの古びたアーチはタイムトンネルの入り口だった。皆、まるで昔の映画を見ているような、または遠い日の自分たちを思い起こしているような幸せな顔をしていた。彼は大向こうを魔法にかける催眠術師でもあったのだ。

やっぱり口コミ

僕は長年テレビ局でディレクターやプロデューサーをしてきた。言い換えれば「地上波テレビ局」で「モノやコト」などを「伝える」ということを生業にしてきたわけで、それはもっと簡単に言うと、何らかの情報を「映像で組み立てて表現して見てもらうのが僕の仕事だった。そういった立場にいた僕にとって、かわち君のチンドン屋という仕事はとても興味深い。いま僕はインターネット（以下、ネット）での表現に軸足を移そうとしているのだが、常に念頭にあるのは「口コミ」という概念である。テレビがマスコミであるのは間違いない。しかも新聞とは違い「一斉同報性」があって、瞬時にしかも強制的に万人に同じ情報を伝えることができる。

この大きな強味があってこそ、これまで地上波テレビはさまざまなメディアの中でも最強であり得たのである。そしてそれはもうしばらくの間、つまり、より優れた特性を持つメディアが開発されるまでの間、地上波テレビの優位性は揺るがないだろう。その猶予期間が10年か15年か分からないけれど、その間に多分テレビとネットは緊密に共生するはずである。その共生のキーワードは「口コミ」であると思う。

いまでも、ネット上の話題はテレビに由来するものの独擅場である。ネットの住人も、テレビ番組の何かを話題にしてネットに書き込んだりしている。もはや社会現象ともいえる「バルス祭り」は有名である。ジブリの「天空の城ラピュタ」が放映されるたび、最後の場面で主人公が唱える呪文「バルス」にあわせて、膨大な数の「バルス！」というツイートが日本中を飛び交うのだ。ただツイッターやフェイスブックやインスタグラムなどSNS（ソーシャル・ネットワーク・サービス）と呼ばれるメディアの要諦は「口コミ」であることを忘れてはならない。

いっぽう、最強のメディアであるテレビであっても、視聴者がそれをスルーして話題にしてもらえなければ、せっかくのコンテンツも宙に消えたのと同じなのだ。番組は見てもらってそしてそれを誰かに口頭で伝えてもらわなければ、「情報」にならない。社会に決定的な影響力を持つのは「口コミ」であるといっても過言ではないだろう。

そして、かわち君の強みはまさにその口コミの「巧みさ」であり、その「伝染力」と「粘度」である。伝え手は、良く伝えるためには手練《てだれ》でなければならず、さらに拡散性と粘り気を持たせるためにその事柄にほどよく手を加えなければならない。その加工にも玄人《くろうと》の技が求められるのは当然である。

チンドンのチカラ

ツボを心得たひと押しでブームは作られることを示した事例がある。彼が長崎市内のあるお店のチラシを千枚配ったところ、それから一月半の間に「チラシをもらった人」のほか「チラシをもらった人から聞いた」または「沿道でチンドンを見た」という人たちなど1162人の客がその店を訪れた。チンドンの宣伝効果を知ろうと思った店主が、来店客からアンケートをとった結果である。これは、物事をどのように伝えるかを考えつづけてきた僕の根本を揺さぶり、伝達についての社会心理学的な視点を改めて与えてくれた。

身振り手振りで何かを伝えることから始まって、やがて人類は言葉を開発した。そして5千年前、ついに文字という外部記録媒体を発明したことで情報伝達は飛躍的に発展することになった。その後も科学の進歩とともに歴史上さまざまなメディアが登場し、現在はネットが人類世界に大変革を起こしている。その流れの中で、チンドン屋というメディア（媒体）は真《まこと》に古風に見えるけれども宣伝の原理原則を押さえているために、むしろ時代の最先端に位置しているという逆説が成り立つのだ。チンドン屋は情報伝達手段として正鵠《せいこく》を射ている。

そして、これまで縷々《るる》述べてきた理由でお分かりのように、それは最新メディアであるインターネットと同種であり、しかも強い親和性をもっている。チンドン屋のいっそうの活躍と発展の場が、今とこれからに用意されている。僕たち現代人のメディア環境はいままさに、かわち親方とともにあると言えるだろう。

あとがき

いまさらいってもおかしな話だが、ふと教師になっていたらと思うことがある。おそらくいまと同じように、一生懸命やりがいをもって頑張っていただろう。しかし、ボクは「チンドン屋」というキーワードが突然閃き、それを運命とこの道を選んだ。「人生」は究極のオリジナルストーリー。人それぞれにその尊い時間においては、勝ち負けや優劣はなく、右に行くのか左に行くのかだけなのだろう。それぞれの道には、そこに飛びこんだ者だけにしか味わえない世界が広がっている。もしも？　なんて考えてもいっしょ。それぞれの選択した人生を真剣に生きるしかない。

「人生の価値は感動の数に比例する」大好きな言葉がある。人が真面目に生きていれば泣いたり、笑ったり、ときには怒ったり、それだけで十分ドラマチックだし、感動は無数にちりばめられている。ボクの人生が特別なわけではないが、その人生の登場人物はユニークでまるで役者のようだ。心から尊敬できる人、ボクを震え上がらせる人、競い合える人、彼らとの出逢いはボクの人生を彩り、熱いエネルギーを注いでくれた。そしてたくさんの感動を生み出した。

平成15（2003）年、チンドンを始めて9年目、かわち家を創業して4年目の頃のこと。当時、ホームページ上のコンテンツとして『チンドンかわち家歴史帳』なるものを書いていた。大学受験から始まって、全部で200話以上のエピソードを綴っていたけれど、突然のサーバーのトラブル（？）ですべてのテキストが一瞬で消えてしまった（泣）。

それから12年が経ったある日。広島のあるチンドンファンの方から何と歴史帳のコピーが送られて来たのである。その内容をあらためて読み返してみると、すでに自分でも忘れていることの多さにびっくり。何かの唄の歌詞にあったが「忘れてしまえばなかったことと同じ！」だ。そう考えると、ここで自分のチンドン人生の区切りに歴史帳を形あるものとして残しておきたいと強く思うようになった。また、これまでに数えきれないほど尋ねられた「河内くん、何でチンドン屋になったの？」という素朴な質問に答えることにもなると思った。

そういう理由で、このたびさらに内容を補足し、その後のことも書き足して、めでたく一冊の本として出版の運びとなった。

チンドン屋になろうと決心して、あれから20年以上の歳月が流れ、いつの間にか、ボクのことを「親方」と慕ってくれる若いメンバーもいる。彼等に伝えられるものは「翔べ！」

ということだ。「翔んだ」者にだけ訪れる幸運が必ずあると信じているからだ。今はまだ成功したわけでもなく、チンドン大冒険の途中に過ぎないが、この本を「一つの区切り」として、チンドン人生再出発。新しい気持ちで翔ぼうと思う。

これまでボクのわがままを支えてくれた、家族、両親、導いて下さった師、仲間、ずっと応援して頂いた皆様。また本書の執筆に際し、絶大なるご協力を頂いた小川内清孝氏、堀憲昭氏はじめ長崎文献社の皆様、デザインや挿絵などご協力をいただいた、故かとうひさくに氏、松尾順造氏、岡野雄一氏、マルモトイヅミ氏、堀田博喜氏、平方直美氏、Morily氏、田口智子&愛莉&小晴氏、本当にありがとうございました。

平成28年7月31日　かわち家代表　河内隆太郎

◆著者略歴

河内隆太郎（かわち　りゅうたろう）

1971年長崎県、長与町生まれ。
1995年、長崎大学卒業後、突然のひらめきから、チンドン屋の世界へ。
九州若松川太郎一座～東京菊乃家で修行後、
2000年、かわち家　開業。
以来、テレビ、CM出演、販促キャンペーン、
パーティー、ご披露宴など、九州各地で活動中。

チンドン大冒険　ボクがチンドン屋になった理由《わけ》

発行日	初版　2016年8月1日
著　者・発行人	河内　隆太郎
編集人	堀　憲昭
発行所	㈱長崎文献社 〒850-0057　長崎市大黒町3－1　長崎交通産業ビル5階 TEL 095-823-5247　FAX 095-823-5252　Mail：info@e-bunken.com ＨＰ：http://www.e-bunken.com
印刷所	日本紙工印刷㈱

ISBN978-4-88851-262-6　C0023